LBB Finanzkauf
– Trainingshandbuch –
Paul Reinhold Linn

Der Verkaufstrainer

Mehr Verkaufserfolg
durch Finanzierung und Motivation
statt Rabattaktion

▸ Inhalt

▸ Können Sie ohne Aufwand Ihren Umsatz und Ertrag steigern?	5
▸ Die Konjunktur und der Konsum	7
Antizyklisches Denken setzt sich durch	7
Jede Bohrmaschine kann Löcher bohren	10
Es war einmal ein Sozialreformer	11
«Geiz ist geil» und «Ich bin doch nicht blöd»	12
Von Preisschlachten und Rabattjägern	14
Rabatte machen süchtig und unglaubwürdig	15
Bei einem Preiskampf gibt es nur Verlierer	18
Das Beispiel mit der Kaffeebohne	18
Preisschlachten und Rabattaktionen erzeugen Massenware	19
Darf's auch ein wenig mehr sein?	19
▸ Die Grundlagen der Kommunikation	21
Die Ebenen der Kommunikation	22
Paradoxe Situationen	24
Entscheidend ist, was auf der anderen Seite ankommt	27
Die vier Arten der Wahrnehmung	29
Checkliste	35
▸ Die Sache mit dem Eisberg	36
Bewusstes und Unbewusstes	36
Am Anfang war der Traum	37
Noch einmal der Eisberg	40
Ihr Zukunftsorgan	43
Und was hat der Eisberg nun mit Ihrer Arbeit zu tun?	45
Die Geschichte mit dem Tausendfüßler	49
Checkliste	52
▸ Die Erfolgformel für Ungeduldige	53
▸ Das Dinosaurier-Gehirn	54
Was macht Stress mit uns?	55

Der ultimative Selbstversuch	57
Eine wahre Begebenheit	59
Der Dino schläft nie	63
Zeigen Sie dem Dino, dass Sie ihn mögen	66
Checkliste	67
▶ Der Erfolg beginnt in dir	**68**
▶ Mit der inneren Einstellung fängt alles an	**69**
Die Geschichte mit dem Spiegelsaal	75
▶ Was bedeutet Geld	**79**
▶ Was bedeutet für den Kunden eine mögliche Finanzierung?	**83**
Zauberwort Simplifizierung	84
Absparen statt Ansparen	86
▶ Was kaufen unsere Kunden wirklich?	**88**
Die Anekdoten-Technik	91
Von wem kauft unser Kunde?	93
Leuchten Sie nachts im Dunkeln?	95
Investieren Sie etwas Zeit	98
Von der Kunst, ein Gewinner zu sein	100
Checkliste	101
▶ Der Aufbau eines Verkaufsgespräches	**102**
Die Eröffnungsphase	103
Vermeiden Sie bitte paradoxe Situationen	104
Ihr Händedruck wirkt kompetent und entschlossen	104
Machen Sie bitte immer ein freundliches Gesicht	104
Sprechen Sie Ihren Gesprächspartner mit Namen an	105
Die ersten Sätze bedienen nur den Bauch	106
Vertrauen führt	106
Die Bedarfsanalyse	107
Die wichtigsten Fragetechniken	110

Inhalt

Geschlossene Fragen	110
Offene Fragen	110
Alternativfragen	111
Suggestivfragen	112
Budgetfragen und Projektgeschäft	113
Kaufsignale erkennen	115
Kleine Einführung in die Körpersprache	116
Wiederholungen sind besonders wichtig	119
Die Angebotsphase	120
Von Einwänden und Vorwänden	121
Weitere Beispiele zu möglichen Einwänden	125
Die Abschlussphase	126
Die Preispräsentation	128
Die Rabattfrage	130
Begeisterte Kunden feilschen nicht!	131
Zwei Fallbeispiele	133
Checkliste	143
▶ Ihre Vorteile einer Warenfinanzierung	144
▶ Von der Faszination	145
Die Geschichte eines Bildhauers	146
▶ Das Selbstbild eines Verkäufers	147
Was macht den Erfolg aus?	148
▶ Literaturverzeichnis	149
▶ Impressum	150

▸ Können Sie ohne Aufwand Ihren Umsatz und Ertrag steigern?

Die erfreulich positive Antwort auf diese Frage lautet »JA«. Die LBB hat ein exklusives und in der Praxis erprobtes Schulungskonzept entwickelt, das die besonderen Belange des Mehrverkaufs in den Fokus stellt. Ziel ist es dabei, dort anzusetzen, wo nicht nur mehr Umsatz, sondern auch mehr Ertrag generiert wird – nämlich am »Point of Sale«. Oftmals wird hier mit hohen Rabatten aggressiv um Kunden geworben. Dabei bleibt allerdings in den meisten Fällen die Marge für den Händler auf der Strecke. Zunehmender Vertriebsdruck als Antwort auf den immer härter werdenden Verdrängungswettbewerb scheint dem Verkäufer keine andere Chance zu lassen, als seine Vertriebsziele über die Vergabe hoher Rabatte zu Lasten des Ertrages zu erreichen.

Und wie können Händler diesem Teufelskreis entgehen? Wir befragten unsere Kunden und stellten fest, dass die Absatzfinanzierung, richtig eingesetzt, die Lösung dafür bietet. Allerdings werden die Möglichkeiten oftmals trotz optimaler Rahmenbedingungen vom Verkäufer nicht erkannt und genutzt. Zusätzlich liegen die Herausforderungen vor allem auch im Wissen, in der Motivation sowie in der eigenen Einstellung der Verkäuferpersönlichkeiten vor Ort.

Das Team der LBB Absatzfinanzierung hat sich darauf spezialisiert, Ihr Unternehmen und Ihre Mitarbeiter erfolgreicher werden zu lassen. Von der unternehmerischen Strategie bis hin zur Umsetzung mit den Verkäufern am POS unterstützen wir Sie mit einem speziell auf die Belange im Handel zugeschnittenen Schulungskonzept getreu dem Motto »Aus der Praxis für die Praxis«.

Zur Schulung der Inhalte aus den Verkaufsgesprächen, zur Motivation und auch zur Begeisterung haben wir einen der besten Trainer Deutschlands exklusiv verpflichten können – Herrn Paul Reinhold Linn. Seit mehr als zehn Jahren schult er als Verkaufstrainer extrem erfolgreich das Verkaufspersonal im Einzelhandel. Hierfür hat er eine eigene erfolgreiche Schulungsmethode entwickelt. Wer ihn erlebt hat, der weiß, dass er ein Mann aus der Praxis ist – ein Verkäufer durch und durch. Er begeistert gleichermaßen neue Verkäufer wie »alte Hasen«.

▶ Können Sie ohne Aufwand Ihren Umsatz steigern?

»Alle (!) Kollegen fanden ihr Training super! Für mich kann ich sagen: ein Volltreffer! Sie schulen nicht, Sie bewegen. Abgesehen von meinem seitdem erzielten Umsatz, gehe ich mit einem anderen Bewusstsein auf die Kunden zu. Ich beschränke das Gelernte jedoch nicht nur auf die Kunden, sondern erweitere es auf mein Privatleben. Mit großem Erfolg.« (Eine von vielen Stimmen aus den Seminaren)

Dieses vorliegende Buch ist Motivation und Training in einem. Es soll Sie informieren und erfolgreicher machen. Dieses Buch ersetzt keine notwendige Seminararbeit, aber es ist ein wundervolles Medium zur Steigerung von Nachhaltigkeit und der Freude im Verkauf. Davon leben Sie – davon leben wir alle!

Eine der wichtigen Hauptthesen unseres Trainings ist: »Verkaufen ist deutlich mehr als nur die bloße mechanische Anwendung von Tipps und Tricks!«
Und wir möchten hinzufügen: Die LBB möchte Ihnen nicht vorrechnen, wie die Geschäfte besser zu laufen haben, sondern wir möchten Sie mit viel Energie und Tatkraft aktiv unterstützen, im rauen Markt zu bestehen und erfolgreicher als andere zu sein.

Ihnen persönlich wünschen wir viel Erfolg!
Berlin, im Juni 2008

Alexander Koppe
Vertriebsdirektor
LBB Landesbank Berlin Absatzfinanzierung

Die Konjunktur und der Konsum

Man muss kein Hellseher sein, um zu erahnen, dass bei stetig wachsender Konjunktur, bei wirtschaftlichem Aufschwung, das Geschäft im Handel deutlich bessere Aussichten auf Erfolg bietet als bei lahmendem oder rückläufigem marktwirtschaftlichem Wachstum. Wollten wir unsere Erfolgsaussichten einschätzen, so brauchten wir nur die Nachrichtensendungen zu verfolgen, um zu wissen, wann was zu tun ist, oder?

Kennen Sie Herrn Lehmann? Nein? Das ist der grauhaarige Börsen-Nachrichtensprecher, der noch vor der 20:00-Uhr-Tagesschau im Ersten das Neueste vom Frankfurter Parkett zum Besten gibt. Lauschen Sie doch einmal aufmerksam seinen netten Worten! ... Der Mann ist so zynisch, dass es weh tut. Denken Sie einmal, dass jeder Unternehmer erfolgreich sein möchte. Und denken Sie weiter, dass die allermeisten Unternehmer es sich mit ihren Entscheidungen nicht so leichtmachen, wie es nach außen hin scheint. Da können unrichtige Entscheidungen viel Geld und viele Arbeitsplätze kosten.
In der Entscheidungsphase ist jeder Verantwortliche mutterseelenallein. Das liegt wohl in der Natur der Sache. Aber in der Natur der Außenstehenden liegt es auch, dass die Allermeisten in zwei Lager zu unterscheiden sind: Die einen haben es vorher und die anderen nachher besser gewusst. Und dieser gute Herr Lehmann gehört wohl zu beiden Lagern. Prinzipiell macht das nichts. Aber, dieser Mann macht Stimmung und nimmt Einfluss, ohne wirklich Eigenes verantworten zu müssen. Und leider kennt der Mann keine guten Nachrichten.

Denken wir uns einmal, die Wirtschaft, besser noch: *unser eigenes Geschäft* würde nur dann funktionieren, wenn *Herr Lehmann* uns gut gesonnen wäre. Brauchen wir gerade in schwierigen Zeiten nicht immer wieder die Unternehmer und Verkäufer, die »Jetzt erst Recht!« ausrufen und zupacken?

Antizyklisches Denken setzt sich durch

Das antizyklische Denken beschreibt eine unternehmerische Grundhaltung, sich der konjunkturellen Entwicklung *entgegengesetzt* zu verhalten.
Auf den ersten Blick lässt sich einwenden, dass kein Unternehmer absichtlich auf schlechtere Zeiten warten will, um sich erst dann selbstständig machen zu wollen. Dieser Einwand ist berechtigt.

▶ Die Konjunktur und der Konsum

Ein Unternehmer startet sein Geschäft schlichtweg dann, wenn seine Idee steht, die Planung erfolgreich abgeschlossen ist und er oder sie an sein bzw. ihr Ziel glaubt.

Diese antizyklische Grundhaltung können wir auch mit der oben genannten Einstellung »Jetzt erst recht« übersetzen. Natürlich gründet ein solch denkender Unternehmer auch in guten Zeiten, er denkt in solchen Zeiten nur noch ein Stückchen weiter! Er wird sich bereits schon in guten Zeiten auf die Infragestellungen seiner Geschäftsidee einstellen und vorbereiten. Der Unternehmer, der antizyklisch vorgeht, ist kein Pessimist, sondern er weiß lediglich um die Gezeiten von Stimmungen im Geschäftsleben.
In den *sieben fetten Jahren* lebt dieser Unternehmer sicher gut, aber er bereitet sich auch auf die kommenden *sieben mageren Jahre* vor.

Wenn alle nur das tun, was alle tun, dann entwickelt sich nichts!

Ein sehr guter Freund von mir ist Unternehmer und betreibt seit vielen Jahren mittlerweile vier Schreibwarengeschäfte. Anfang Januar 2003 bekam er Besuch von einem Vertreter, der ihm Spielwaren für seine Verkaufsfläche anbieten wollte. Das vertretene Unternehmen ist ein internationaler Konzern, und die Produkte waren zu diesem Zeitpunkt auch in allen vier Läden platziert. Zur Vorgeschichte denken Sie sich bitte noch, dass Anfang Januar zwar immer auch Aufbruchstimmung, aber auch sehr viel Arbeit im Hinblick auf Inventur und Abrechnung des letzten Jahres bedeutet. Folgende Situation spielte sich ab:

Verkäufer	»Guten Tag, Herr Kunde! Na, was gibt es Neues?«
Kunde	»Puh, was soll ich sagen? Viel Arbeit. Das kennen Sie ja. Möchten Sie einen Kaffee?«
Verkäufer	»Ja gerne, das ist nett! Wie laufen Ihre Geschäfte?«

> Die Konjunktur und der Konsum

Kunde	»Herr Verkäufer, kennen Sie einen Unternehmer, der zufrieden ist? ... Die augenblicklichen Zeiten sind nicht einfach. Die Kunden sind sehr viel zurückhaltender geworden, als sie noch vor kurzem waren. Aber was erzähle ich, das ist ja überall so. Da hilft es nur, die Ärmel hochzukrempeln, damit es besser wird. Was möchten Sie mir heute anbieten?«
Verkäufer	»Ich war heute in Ihrer Nähe und dachte mal, ich schaue vorbei. ... Da gibt es etwas Neues aus unserer Zentrale. XY-Europa hat eine Studie in Auftrag gegeben ...!«
Kunde	»... Äh und was für eine Studie?«
Verkäufer	»XY-Europa hat ermitteln lassen, dass bis Ende 2004 etwa 30% aller Einzelhändler aus konjunkturellen Gründen Konkurs anmelden müssen!«
Kunde	»Wie? Und jetzt?«
Verkäufer	»Sie haben Recht, die Zeiten sind wirklich schlecht!«
Kunde	»Das sind ja gute Nachrichten aus Ihrem Hause. Lassen wir das mal so stehen. Wenn Sie entschuldigen, ich habe noch zu arbeiten – denn ich möchte nicht zu den 30 % gehören!«

An dieser Stelle verzichten wir noch auf die Auswertung der gemachten Fehler unseres Verkäufers. Übrigens: Er arbeitet nicht mehr für das vertretene Unternehmen! Viel wichtiger ist aber an diesem Beispiel, wie der *Kunde* reagiert. So hätte der Kunde nichts für sich erreichen können, wenn er mit*geheult* hätte, oder?
Im Gegenteil. Er gibt dem Verkäufer den Hinweis, dass die Zeiten *nicht einfach* sind. Er sagt hier nichts über *schlechte* Zeiten! Das besorgt der Verkäufer anschließend. Der Kunde beschreibt im Angesicht der *nicht einfachen* Zeit selber die Lösung: »*Da hilft es nur, die Ärmel hochzukrempeln.*« Dies war die Aufforderung zum Tanz für den guten Verkäufer, nämlich mit Konzepten und strategischen Vorschlägen diese Situation verändern zu helfen.
Unser Verkäufer denkt leider nicht antizyklisch. Statt mit Hilfe seiner Studienergebnisse den Kunden umso entschlossener für eine Strategie zu gewinnen, wiederholt er nur das, was alle anderen Berater auch nur sagen: Alles ist schlecht!

▸ Die Konjunktur und der Konsum

Unser Kunde kennt die Situation und weiß um die Kaufkraft seiner Kunden. Er weiß um Groß- und Supermärkte. Er wird niemals seine Spielwaren so kalkulieren und anbieten können, wie das die großen Marktriesen tun. Alles Lamentieren hilft aber nicht. Für ihn ist es überlebenswichtig, dass er gegen den Trend eine gute Strategie anwendet, um seinen Kunden etwas zu bieten, was die großen Anbieter nicht können oder wollen. Noch ein Gedanke spricht für das antizyklische Denken: Angenommen die Konjunktur *scheint* nicht günstig zu sein. In solch einer Zeit werden die stimmungsabhängigen Geschäftsleute immer weniger. Dies bedeutet doch für uns, dass wir mit weniger Mitbewerbern uns zu messen haben, oder? So können wir doch umso einfacher unseren Kunden zeigen, wie gut wir wirklich sind. Gerade, dass es uns in solcher angespannten Zeit gibt, ist der Beweis für den Kunden und für uns selber, dass wir es richtig machen und die anderen wohl eher nicht?!
Einzigartigkeit und Professionalität entwickeln sich dort, wo sich die Spreu vom Weizen trennt. Das ist nicht leicht, aber das lieben unsere Kunden und sichert unsere Zukunft.

Jede Bohrmaschine kann Löcher bohren

Was erwarten Sie, was muss eine Bohrmaschine können? Was erwarten Sie von einem Betonmischer? ... Sie werden wahrscheinlich erst über diese Fragestellung etwas verwundert sein. Dann werden Sie vermutlich antworten, dass eine Maschine zum Bohren von Löchern wohl Löcher bohren können *muss*. Eine Maschine zum Mischen von Beton sollte Beton mischen können?! ... Was auch sonst! Aber bedenken Sie einmal, wie viel Zeit und Aufwand dabei draufgehen, das richtige Material in der richtigen Qualität zu finden. Gehen Sie einmal in einen Baumarkt und vergleichen Sie die Angebote. Da finden Sie z. B. Bohrmaschinen, so weit das Auge reicht. Und was können die alle? – Löcher bohren? ... Ja, Sie haben Recht. Das können die mal mehr, mal weniger gut. Die nächste Frage müsste noch lauten: Wie lange werden sie es können?

Sie kennen das, dass Sie das Supersonderangebot ausnutzen wollen und sehr preisgünstig einkaufen. Sie wollten Geld sparen. Zu Hause in der Werkstatt stellen Sie fest, dass das Bohrfutter instabil ist, die Maschine direkt heiß läuft und stinkt oder die dazugelieferten Bohrer rot glühend aus dem Bohrloch kommen, ohne dass Sie auch nur mehr als einen Millimeter weit in den letzten fünf Minuten haben bohren konnten.

Und Ihre Betonmischmaschine ächzt, kracht und scheppert so laut, dass Sie beschließen, diese Maschine nur mit halber Last bzw. den Betonmischer nur noch mit halber Füllung zu betreiben. Ein echtes Schnäppchen!?

Wenn Sie ehrlich zu sich selber sind, dann ist Ihnen ein solcher Fehlkauf auch peinlich, oder? Die wenigsten gehen zum Kaufhaus und reklamieren die minderwertige Ware. Vielleicht auch schon deswegen, weil wir befürchten, dass man uns bescheinigt, dass wir es doch hätten wissen müssen und somit auf eigenes Risiko handelten oder dass wir eben keine wirklichen Fachleute sind. Nämlich die Profis hätten sofort nach dem *Profiwerkzeug* gefragt. … Und ist besagte Bohrmaschine oder die Mischmaschinen wegen Überbelastung richtig durchgebrannt, dann wird man uns noch den berühmten *Anwenderfehler* attestieren.

Es war einmal ein Sozialreformer …

Die meisten Kolleginnen und Kollegen aus dem Verkauf denken immer, dass es noch *nie* wirklich *so schlimm* mit den Kunden und deren Kaufverhalten war, wie es heute ist. Die Kunden feilschen um jeden Cent und zwingen die Händler und Lieferanten in die Knie.

Bereits im vorletzten Jahrhundert formulierte *John Ruskin* (1819 – 1900) einmal über einen günstigen Kauf:

»Es ist nicht klug (für eine Ware oder Dienstleistung), zu viel zu bezahlen – es ist aber auch nicht klug, zu wenig zu bezahlen!
Wenn Sie (liebe Kundin, lieber Kunde) zu viel bezahlen, ist alles, was Sie verlieren können, ein wenig Geld (nämlich die Differenz vom günstigen zum Normalpreis!). Das ist alles!
Wenn Sie zu wenig bezahlen, verlieren Sie aber vielleicht alles, weil das Ding (z. B. die Bohrmaschine oder der Betonmischer, siehe oben), das Sie kauften, unfähig war das zu tun, wofür Sie es kauften.
Wenn Sie sich mit dem niedrigsten Anbieter einlassen, so ist es gut, dem Angebot noch etwas Geld (als Rückversicherung) hinzuzufügen, für das Risiko, das sie eingehen. Und wenn Sie das tun, dann haben Sie auch genügend Geld, etwas Besseres zu kaufen.«

▶ Die Konjunktur und der Konsum

Wie Sie erkennen können, wurde auch schon vor mehr als 150 Jahren das Problem im Handel treffend beschrieben. Der Kunde möchte das Allerbeste für den niedrigsten Preis. Und wenn wir genau hinschauen, dann erkennen wir, dass diese Regel so alt ist, wie der Handel selbst. Wir können, ohne wahrsagerische Fähigkeiten bemühen zu müssen, davon ausgehen, dass auch noch in ferner Zukunft es genau so bleiben wird. Oder, um es mit anderen Worten zu sagen: Wer Handel betreibt, darf sich sicher sein, dass auch *sein* Kunde grundsätzlich immer einen billigeren Preis fordern wird!

»Geiz ist geil« und »Ich bin doch nicht blöd«

Wir alle leben seit Jahren mit den Werbeslogans, dass es *geil* ist, *geizig* zu sein. Sind wir es nicht, dann sind wir *doch blöd* oder mittlerweile sogar *saublöd*. Es kommt beinahe einer Hirnwäsche gleich, diese ständige Berieselung ertragen zu müssen.

Wie geil ist es wirklich, geizig zu sein?

Wenn es so *erregend* wäre, wenn es so *gut* wäre, wenn es so *logisch* wäre, *krankhaft sparsam* zu sein oder sein zu müssen, wozu bedarf es da noch einer Werbekampagne?

Und damit sich auch kein Widerstand im Geiste regt, schießt das zweite Unternehmen im Bunde jeden kritischen Gedanken mit dem Spruch ab: »Ich bin doch nicht blöd«. Welches Menschenbild wird da verwandt? Jeder Kunde, der in einem anderen Unternehmen einkauft, ist also (sau-)blöd *(dumm, schwachsinnig oder idiotisch, laut Lexikon)!*

Ist es für unsere Kunden so klug, sparsam in unserem Unternehmen zu sein? Glauben Sie im Ernst, dass es einen einzigen Kunden in Ihrem Geschäft geben wird, der zu Ihnen kommt, um zu sparen? Wenn dies so wäre, dann würde dieser Kunde im Zweifel gar nicht zu Ihnen kommen, oder?

Was uns allen immer wieder passiert, ist, dass unsere Kunden sparen wollen, weil sie nicht *verstanden* haben, *was* sie an Leistungen für ihr gutes Geld bei uns bekommen. Haben es die Kunden nicht verstanden oder nicht verstehen können,

> Die Konjunktur und der Konsum

weil wir das Entscheidende nicht rübergebracht haben? Dieser spannenden Frage werden wir in diesem Buch noch nachzugehen haben! Wie dem auch sei, solange der Kunde nicht verstehen kann oder darf, was er für sein gutes Geld kaufen *kann*, solange bleibt es immer »*zu teuer*«.

Vor einiger Zeit hatte ich in einem Seminar für selbstständige Kosmetikerinnen eine Teilnehmerin, die ein Kosmetik-Institut in Berlin führt. Sie berichtete von einer Kundin, die sich regelmäßig über die Preise echauffierte. »Alles sei zu teuer, sie wisse nicht, ob sie sich das noch weiter leisten könne!« Die Seminarteilnehmerin wirkte leicht entnervt und war ratlos. Sie hatte dieser Dame natürlich schon alle Vorteile der Behandlung und Ähnliches erklärt. Aber diese Dame blieb hartnäckig. Bei jedem Besuch immer wieder die gleiche Leier von der vergleichbaren Creme aus dem Drogeriemarkt!

Wir erarbeiteten folgende Lösung: Die Seminarteilnehmerin probierte beim nächsten Besuch der Kundin die Anekdote aus: »Frau Kundin, Sie haben Recht, dieses Präparat, welches wir hier anwenden, ist wirklich nicht billig. Übrigens: Ich hatte vor einer Woche, ach, was sage ich, nein, vor zwei Wochen eine Dame hier mit einer ähnlichen Haut, wie die ihre. Und *die* sagte mir bei der Bezahlung: »Ist aber nicht ganz billig ... Aber was soll's, bei meiner Haut möchte ich *keine Schnäppchen*. Das bin ich mir wert!« ...« Die jammernde Kundin erwiderte auf diese *Geschichte* nichts weiter, bezahlte und verließ das Geschäft.

Nach einigen Wochen erhielt ich einen begeisterten Anruf der Kosmetikerin. Die Dame sei jetzt vier Wochen nach dieser *Anekdoten-Therapie* wieder in ihrem Geschäft gewesen und hätte ihr ganz nebenbei erzählt, dass sie ihrem Mann gesagt hätte, dass *sie doch kein Schnäppchen sei!*

**Niemals wird es geil oder anziehend sein,
nur für ein Schnäppchen oder
nur für ein Sonderangebot gut genug zu sein!**

▶ Die Konjunktur und der Konsum

Von Preisschlachten und Rabattjägern

High Noon: Gary Cooper steht mit seinem Gegner vis-à-vis auf der einsamen Dorfstraße. Es ist heiß, die Sonne brennt erbarmungslos. Jetzt geht es um alles oder nichts. Schluss mit den ewigen Diskussionen …

Eines ist sicher: Der schnellere von beiden Duellanten wird überleben. Und ein Weiteres ist ebenfalls sicher: Revolverhelden sterben nie an Altersschwäche – sie sterben immer an akuter Bleivergiftung! Denn irgendwann kommt immer einer, der noch schneller zieht.

Diese Situation umschreibt sehr genau die Preiskämpfe und Rabatt-schlachten der letzten Jahre.

Spätestens seit dem Fall des Rabattgesetzes im Sommer 2001 sind Rabatte in beliebiger Höhe erlaubt.

Erinnern Sie sich noch? Das Rabatt- gesetz schränkte den Einsatz von Rabatten unter Strafandrohung ein! Die allermeisten Verkäufer klagten damals, dass das Verkaufen ohne den freien Handlungsspielraum über Rabatte so schwierig sei.
Interessanterweise verkaufen die Einzelhändler nach der Streichung des Gesetzes aber nicht wirklich mehr! Sie können Rabatte geben, bis Ihr Steuerberater das Handtuch wirft: Verkaufen Sie mehr Stückzahlen als ohne Rabatte? Haben Sie mehr Umsatzerfolge als ohne Rabatte? Und können Sie mit Preisnachlässen wirklich mehr Rohertrag, Deckungsbeiträge bzw. Gewinn vor Steuern realisieren?

Im Bild mit Gary Cooper gesprochen müssen wir wissen, dass es immer einen anderen Händler, Lieferanten und Produzenten geben wird, der mit noch tieferen Preisen und noch höheren Rabatten nach unseren Kunden greifen wird.

Sonderpreis- und Rabattaktionen können sinnvoll sein und machen auch uns Verkäufern Spaß. Die Kunden kommen (mindestens theoretisch) wie an einem Magneten gezogen und kaufen für gutes Geld ein.
Bedenklich wird es dann aber, wenn Sie selbst oder die eigenen Verkäufer in Ihrem Haus glauben, *nur* noch über solche Sonderaktionen verkaufen zu können. Das schwächt eindeutig die Motivation und wertet die eigene Verkäuferpersönlichkeit ab.

Rabatte machen süchtig und unglaubwürdig

Es war einmal ... ein Marketingspezialist, der verkündete, dass mit einem Rabatt von 30 % oder 50 % die Kunden das eigene Geschäft stürmen würden. Kaum einer weiß heute, wer diese Aktionen wirklich gestartet hatte, aber alle mussten mitmachen!

Es ist ein offenes Geheimnis, dass der Kunde *geblendet* wird und die Preise nicht wirklich real um den Faktor 50 % reduziert sind. Selbst für den Fall, dass Sie mit Ihrem Geschäft solche Aktionen nicht mitmachen wollen – irgendwie müssen Sie ja dann doch. ... Weil es die anderen auch so machen und der Kunde Sie danach fragt.

Rabatte, wenn sie zu oft und in zu großer Höhe eingesetzt werden, lassen jedes Geschäft unseriös erscheinen. Wenn Sie aufmerksam in den letzten Jahren nur verfolgt haben, wie der Möbelhandel an Preisvertrauen gelitten hat.

Der Kunde glaubt, dass in den offiziellen Preislisten des Handels oder in den *unverbindlichen* Preisempfehlungen des Herstellers bereits der Nachlass miteinkalkuliert sein **muss**. Der Kunde denkt: »Wenn die schon solche Rabatte machen können, dann verdienen die eigentlich immer zu viel.« Oder: »Wenn die solche Rabatte machen, dann ist ein Preis gelogen! Entweder der Superpreis kann nicht sein. ... Aber dann gäbe es ihn ja nicht! Oder der Normalpreis ist ein Schwindel!« Also fragt der Kunde zwangsläufig nach Rabatten.

▸ Die Konjunktur und der Konsum

Mittlerweile ist es im Autohandel so, dass die Preislisten nur noch eine *Größenordnung* des Verkaufspreises wiedergeben. Der zu zahlende Preis für ein neues Auto kann ohne große Mühe zwischen 8 bis 15 % heruntergehandelt werden. Oder es gilt als chic, den Kunden mittlerweile die Mehrwertsteuer zu *schenken*. »Wir schenken Ihnen die 19 % MwSt.!« Abgesehen einmal davon, dass der Endverbraucher nicht von seiner Pflicht, MwSt. zu zahlen, entbunden werden kann, so hört sich das aber doch nach 19 % Rabatt an, die es aber nicht sind. Es sind rechnerisch *nur* ca. 16 %, weil vom Bruttopreis (119 %) relativ die 19 % aufgeschlagener MwSt. immer 15,96% der Gesamtbruttosumme ausmachen. (Das nur am Rande für alle, die es sehr genau nehmen wollen.)

▶ Die Konjunktur und der Konsum

Jetzt können wir einwenden, dass es in der Hauptsache auf den Erfolg bzw. auf das Gesamtergebnis ankommt. Hat dieser Rabatthandel in den letzten Jahren der Automobilindustrie mehr Erfolg gebracht?
Im Einzelfall betrachtet mag es Erfolg gebracht haben. Der Kunde hätte das Fahrzeug nicht gekauft, wenn ihm nicht 12 % Nachlass, Skonto, Treuerabatt oder Ähnliches gegeben worden wäre. Und im Gesamten?

Die Autoindustrie hat in der Preisgestaltung erheblich an Vertrauen verloren und verkauft insgesamt *weniger* Autos als prognostiziert. Sollten Sie als Unternehmer ein Produkt sehr deutlich im Preis reduzieren, dann möchten Sie doch mindestens mehr verkaufen als vorher, oder? War also die Autoindustrie mit ihrer Rabattpolitik wirklich erfolgreich?

Irgendwie träumt immer wieder jeder Verkäufer, dass er mit der perfekten Kalkulation oder dem ultimativen Kampfpreis uneinholbar erfolgreich sein könnte. Alle Kunden müssten dann nur noch bei ihm einkaufen. Es gäbe kurz vor Vertragsabschluss keine Kaufabsagen mehr, weil kein anderer Anbieter mehr das eigene Angebot unterbieten könnte. Kein Stress, keine Diskussionen, kein Feilschen mehr, unser Verkäuferleben könnte so geordnet und harmonisch sein.

Noch vor dem Fall des Rabattgesetzes in 2001 prognostizierten die allermeisten Verkäufer, dass mit dem Wegfall der gesetzlichen Rabattlimitierung die Umsätze explodieren würden, weil jeder Rabatt möglich wurde. Es werden faktisch nicht mehr Autos verkauft! Oder betrachten Sie den oben bereits erwähnten Möbelhandel. Im gesamten betrachtet kommen bei solchen ultimativen Rabattaktionen weder mehr Kunden in die Möbelhäuser, noch werden mehr Möbel verkauft. Das was wirklich *mehr* geworden ist, ist das Unverständnis und Misstrauen der Kunden!

Ein Zweites können Sie beobachten: Nach solchen Rabattaktionen haben die Verkäufer es furchtbar schwer, wieder am normalen Preisniveau zu verkaufen. Da gibt es dann Kunden, die um die letzten Rabattaktionen noch gut Bescheid wissen und in der Folge das Normalpreisgefüge nicht mehr akzeptieren wollen (Rabattsucht). ... Und die Verkäufer bringen sich um den nötigen Biss, verkaufen zu wollen. Denn wenn ein Verkäufer seine eigenen Preise nicht mehr vertreten kann, weil er z. B. im Hinterkopf die letzte Rabattaktion von 20 % Nachlass nicht verdauen konnte, wird er niemals höhere Preise durchsetzen wollen bzw. verkaufen können.

Im Gegenteil: Er wird wie das Kaninchen vor der Schlange stehen, wenn die Kunden den Sonderpreis oder den ehemaligen Rabatt verhandeln wollen.

Bei einem Preiskampf gibt es nur Verlierer!

Preiskämpfe vermitteln den Verkäufern mit der Zeit das Gefühl, dass Sie nur noch die Sonderangebote rauszuhauen hätten. Ihr Selbstbewusstsein als Profiverkäufer leidet. Der Verkaufsleiter hat das Problem, dass die Normalpreise im Kontrast zu den Billigpreisen immer schwerer durchzusetzen sind, und der Inhaber Ihres Unternehmens muss aufpassen, dass das Firmenimage nicht in Richtung *billig* abfällt.

Und der Kunde? Je mehr der Kunde sich auf die Billigangebote bei seinem Einkauf konzentriert, desto deutlicher wird die Qualität der zu kaufenden Ware durch die Anbieter abgesenkt werden müssen, um die Gewinnspanne einigermaßen stabil zu halten. Der Verlust an Qualität wiederum senkt beim Kunden weiter die Bereitschaft, *angemessenes* Geld selbst für die Billigware auszugeben. Also muss es noch viel billiger werden! ... Der Kunde spart zwar offensichtlich sofort Geld ein, aber (frei nach Ruskin, siehe oben) er verliert vielleicht alles an Zeit und Geld, weil er auf das falsche Pferd gesetzt hat!

Das Beispiel mit der Kaffeebohne

Unternehmen, die Kaffee anbauen und mit Kaffee handeln, bekommen etwas weniger als einen Euro pro Pfund. Das entspricht in etwa ein bis zwei Cent pro Tasse Kaffee.

Wenn ein Hersteller nun aber dieselbe Menge Kaffee röstet, mahlt, verpackt und im Lebensmittelhandel verkauft, dann erzielt er zwischen fünf und 25 Cent pro Tasse Kaffee!

Werden dieselben Kaffeebohnen nunmehr an der Straßenecke in einem Kaffeeladen aufgebrüht, so erreichen dieselben Kaffeebohnen einen Wert von 50 Cent bis einen Euro pro Tasse!

Und wenn Sie sich den Luxus leisten möchten, in einem wunderschönen Café eine Tasse Kaffee zu genießen, dann sind Sie ohne Murren bereit, zwischen zwei und sieben Euro pro Tasse auszugeben. Warum? Weil es ein Erlebnis ist, z. B. im Kaffeehaus *Sacher* einmal das Ambiente und den Kaffee zu genießen.

Preisschlachten und Rabattaktionen erzeugen Massenware ...

und sichern niemals Zukunft! Schon der Begriff Massenware treibt jedem Umsatzverantwortlichen den Schaum vor den Mund. Mit Massenware gestalten wir höchstens Lockangebote, die Gewinnspanne schrumpft erheblich, das Image fällt im Sturzflug und eine mögliche Abgrenzung zu anderen Anbietern geht verloren.

Ihr Sortiment wird und muss sich immer von den Sortimenten Ihrer Mitanbieter unterscheiden!

Ein zu großes Sortiment an Massenware verschafft uns das Image eines Ramschladens. Der Kunde kauft solche Ware nur noch über den Preis. Stellen Sie sich bitte vor, dass man Ihre Produkte an jeder Straßenecke, am Wühltisch kaufen kann. Wie gestalten sich dann Ihre Verkaufsgespräche? Gibt es dann überhaupt noch Verkaufsgespräche und braucht man dann noch Verkäufer?

Darf's auch ein wenig mehr sein?

Vielleicht gehören Sie zu den Verkäufern, die mit den aktuellen Rabattaktionen noch gut leben können? Und selbst dann sollten Sie, wie alle anderen Verkäufer auch, sich einmal Gedanken machen, wie es mit den Rabatten weitergehen wird. Keine Sorge, Rabatte wird es immer geben, aber: Ob Sie nun 50, 70 oder 80 % Rabatt gewähren, glauben Sie, dass der Kunde auf Dauer begeistert bleibt? Irgendwann muss ein jeder Verkäufer seinem Kunden sagen, dass es eine Begrenzung gibt, oder?

Sprechen Sie mit Ihrem Kunden lieber über die Möglichkeiten, über die Sie verfügen, als über das, was Sie nicht können. Reden Sie besser nicht über die Rabatte, bei denen Sie nicht mithalten können, sondern begeistern Sie mit einem neuen Service aus Ihrem Hause, der ganz unkompliziert den finanziellen Spielraum des Kunden erweitert.

▶ Die Konjunktur und der Konsum

Wir alle kennen die berühmte Metzgerfrage: »Darf es noch ein wenig mehr sein?« – Und stellen Sie sich bitte einmal vor, **dass ist die Strategie der Zukunft!**

Wussten Sie, dass mittlerweile um die 94 % aller Autos in Deutschland, neue wie gebrauchte, finanziert werden? Noch vor einigen Jahren undenkbar, heute ist es selbstverständlich, dass nahezu jedes Automobil finanziert wird. Es gehört mittlerweile zum guten Ton. Jeder macht es!

Eines ist doch klar: Hat der Kunde mehr Geld unmittelbar zur Verfügung, so kann er auch mehr Geld bei Ihnen ausgeben!

Und ein anderes ist ebenfalls erkennbar: Wenn unsere Kunden wüssten, wie einfach, unkompliziert und schnell ein solches Antragsverfahren funktioniert, dann würden sehr viel mehr Kunden lieber mit Ihnen die monatliche Wunschrate als einen fragwürdigen Rabattsatz diskutieren.

»Herr Kunde, Frau Kundin, Sie haben sich dieses schöne Auto (dieses wunderschöne Schlafzimmer oder diesen außergewöhnlichen Schmuck …) ausgesucht. Wie viel möchten Sie monatlich für diese Anschaffung auf Seite legen?«

Ganz wichtig ist immer: Der Kunde möchte durch uns aktiv in Sachen Finanzierungsangeboten gefragt werden! Kein Kunde in unserem Kulturkreis fragt von sich aus nach Finanzierungen.

Unsere Kunden möchten nicht Bittsteller sein – sondern wir möchten Geschäfte machen!

Sie profitieren unmittelbar von dem Umstand, dass Ihr Kunde *jetzt* kaufen kann und jetzt in *Ihrem Geschäft kaufen* wird – nicht erst Jahre später nach erfolgreichem Ansparplan. Ihr Kunde kann schon jetzt Ihr hochwertiges Produkt nutzen und genießen, bei vernünftiger *Absparrate* und verbleibender sinnvoller Liquidität!

▸ Die Grundlagen der Kommunikation

Bevor wir nun aber in das eigentliche Thema »Verkaufen« oder »Zielgerichtete Kommunikation« eintauchen, möchte ich Ihnen einige wichtige Grundlagen anbieten.

Die Kommunikation ist bekanntermaßen die Verständigung zwischen Sender und Empfänger. Einfachstes Beispiel ist hier die Verständigung zwischen zwei Gesprächspartnern. Der eine sagt etwas, eine Nachricht, der andere hört zu. Diese sprachliche Verständigung wird auch als verbale Kommunikation beschrieben.

Interessanterweise aber würden beide Partner auch etwas sagen, selbst wenn sie sich anschweigen würden. Denn nicht nur Worte, sondern Tonfall, Sprachtempo, Pausen, Lachen und Seufzen sowie Körperhaltung und Körpersprache, kurz: das ganze Verhalten, *sagen* etwas. Diese nichtsprachliche Ebene der Verständigung wird nonverbale Kommunikation genannt.

Die Beteiligten in einem Gespräch können sich beispielsweise auch nur über eindeutige Zeichen verständigen. Vielleicht beobachten Sie Ihr Gegenüber nur, um zu *fühlen*, was der andere sagen will.

Auch wenn uns dies in einem Gespräch nicht immer bewusst ist, die Kommunikation ist immer ein Gemisch aus verbalen und nonverbalen Zeichen bzw. Botschaften. Ihr Gesprächspartner tippt mit dem Zeigefinger mehrfach an seine Schläfe und sagt dabei: »Ich gebe dir gerne mein Auto!« Sie würden sofort die nonverbale Botschaft verstehen: »Mein Auto? – Auf keinen Fall!«

Da jedes Verhalten zwischen Sender und Empfänger Mitteilungscharakter hat und Verhalten nicht abgeschaltet werden kann, kommunizieren wir also immer!

Handeln oder Nichthandeln, Worte oder Schweigen, alles transportiert eine Nachricht, die andere unweigerlich beeinflusst. Die anderen können ihrerseits *nicht* nicht auf diese Nachricht reagieren und kommunizieren zwangsläufig mit.

Sie kommen auf einen Bahnsteig und erblicken einen Mann, der auf einer Bank sitzt, den Kopf auf seine Hände stützt und auf den Boden starrt. Damit teilt er Ihnen mit, dass er nicht angesprochen werden will. Und Sie werden ihn ganz sicher in Ruhe lassen. Sie beide haben kommuniziert.

»Man kann nicht nicht kommunizieren!« (Paul Watzlawick)

Dieser Kernsatz aus der Kommunikationswissenschaft beschreibt den Umstand, dass es keine Situation geben kann, in der wir nichts zu sagen (verbal oder nonverbal) hätten. Dies bedeutet für uns, dass wir, sobald wir mit anderen Menschen in Kontakt treten, kommunizieren. Und dies geschieht unabhängig von Worten, Zeichen und einer möglichen Zu- oder Abwendung zum jeweiligen Gegenüber.

Im Folgenden werden Ihnen vier wichtige Prinzipien vorgestellt, die beschreiben, was in der (erfolgreichen) Kommunikation mit unserem Gegenüber wirklich von Bedeutung und zu beachten ist.

Die Ebenen der Kommunikation

Jede Kommunikation verläuft nach WATZLAWICK auf zwei Ebenen, der Inhalts- und der Beziehungsebene. Diese Information hört sich zugegebenermaßen nicht besonders spektakulär an. Aber in der konsequenten Beobachtung ist hier sehr leicht zu erkennen, wie störanfällig unsere Kommunikation sein kann, ja sogar sein muss.

Prüfen Sie es einmal nach, Sachfragen lassen sich leicht ansprechen, oder? Mit ein wenig Übung können Sie nahezu jedes technische oder organisatorische Problem beschreiben. Und Sie erreichen meist auf dieser Ebene schnell Klarheit und Einigung. Eine Sache funktioniert oder nicht. Ein Termin kann eingehalten werden oder ist bereits in der Planung aussichtslos.

▶ Die Grundlagen der Kommunikation

Inhalt

Beziehung

Die Beziehungsebene hingegen läuft weniger klar und gleichzeitig zur Inhaltsebene sozusagen im Hintergrund mit ab.

Leicht sind wir in Gesprächen zu irritieren. Oft schon sind wir mit der Frage beschäftigt, ob es denn ein Gesprächspartner mit uns ernst meint oder nicht. Und wenn wir einen Eindruck gewinnen, so können wir diesen Eindruck sehr schwer nur objektiv, also rein sachlich begründen oder beschreiben. Wir fühlen uns in einem Gespräch vom anderen gut oder weniger gut behandelt und verstanden.

In unseren Gesprächen können wir die Inhaltsebene wunderbar von allen Seiten her thematisieren, aber die Beziehungsebene können wir nahezu gar nicht ansprechen. Stellen Sie sich vor, Sie würden Ihren Kunden fragen: »Mögen Sie mich?«, was würde wohl Ihr Gegenüber von Ihnen dann denken müssen?

Und dies kennen wir alle selbst aus privaten Beziehungen. Spricht der eine von beiden betont die Sach- bzw. Inhaltsebene und der andere betont die Beziehungsebene an, so wird es kein Zueinanderkommen geben können. Und im Streitfall wirkt dies noch deutlicher. Nämlich derjenige, der rational logisch argumentiert, bleibt demjenigen, der die Beziehungsfrage thematisiert, immerzu überlegen.

Wie wichtig ist die Beziehungsebene wirklich? Diese Frage zu beantworten fällt den professionellen Kommunikatoren, den Verkäufern, nicht schwer. Auf den ersten Blick bzw. spontan beantwortet ist für die meisten Menschen die Sachlage klar: Es geht um die Sache! Und der Rest ist irgendwie »Gefühlsduselei«.

Denken wir uns einen Controller in einem Handelsunternehmen, der sich mit dieser Frage der Wichtigkeit der Beziehung zum Kunden zu beschäftigen hat. Er hat gelernt, sich fast ausschließlich um Zahlen und um Kennziffern zu kümmern.
Und eines Tages wird er mit der Aufgabe beauftragt, er solle den Erfolg eines Internetverkaufsportals kalkulieren. Für ihn wird beispielsweise wichtig sein, die Kosten für die Erstellung und Pflege des Internetauftrittes mit den Kosten für Verkäufer im Innen- und Außendienst zu vergleichen. Dann wird er argumentieren, dass die technische Lösung 24 Stunden am Tag einsetzbar sei und aus gesundheitlichen Gründen nicht ausfallen könne. Stellen Sie sich vor, Sie würden mit diesem Mann über die Beziehungsebene in der Kommunikation sprechen wollen. Was käme dabei heraus?

Ein Verkaufsprofi würde an dieser Stelle seine Erfahrungen mit der Beziehungsebene in die Waagschale legen … Interessanterweise verkaufen bis heute die allermeisten Verkaufsportale im Internet nicht ausreichend. Weil die Beziehungsebene fehlt?

Paradoxe Situationen

Das zweite wichtige Prinzip aus der Kommunikation ist das der paradoxen Situationen. Damit sind folgende Situationen gemeint: Stellen Sie sich vor, Sie laden Freunde zu einer Party zu sich nach Hause ein. Und irgendwann klingelt es an der Türe. Sie öffnen, und da steht Ihr Freund im Türrahmen und sagt mit betrübtem Gesichtsausdruck: »Ich freue mich auf deine Party.«

Ausschließlich von der Inhaltsebene her betrachtet, wäre die Lage eindeutig. Er sagt, dass er sich freut! »Na toll«, denken Sie. Sie werden sich sofort fragen, was wohl passiert sein mag, obwohl die Sachlage doch so eindeutig formuliert wurde.

> Die Grundlagen der Kommunikation

Sie werden ihn womöglich fragen, ob er sich nicht wohl fühle. Und denken Sie sich nun, er würde antworten: »Wie kommst du darauf? Ich habe doch gesagt, dass ich mich freue!«

Ein anderes Beispiel: Stellen Sie sich vor, Sie hätten sich für Ihren Partner beim Friseur für viel Geld wirklich schick machen lassen. Sie kommen nach Hause und fragen voller Stolz Ihren Partner: »Na, wie sehe ich aus? Gefällt es dir?« Und Ihr Gegenüber würde mit einem Blick wie »drei Tage Regenwetter« müde antworten: »Du siehst klasse aus.« Was würden Sie denken?

Noch besser: Sie sind Inhaber eines Handelshauses und möchten unbedingt einen erfolgreichen Verkäufer zusätzlich einstellen. Sie suchen jemanden, der es packen wird, jemanden, der Erfolg ausstrahlt, der vielleicht die Kollegen mit inspirieren kann.

Sie bitten den Bewerber zum Gespräch, begrüßen ihn und erhalten folgenden

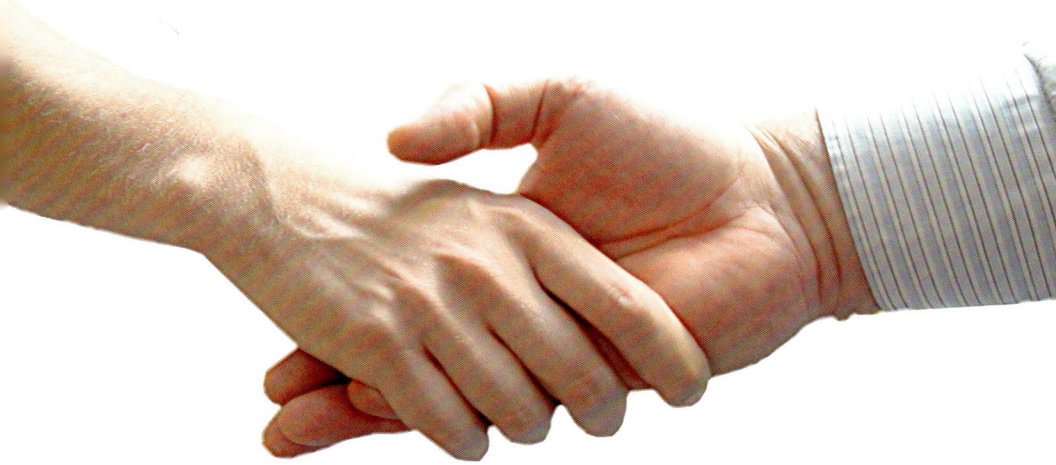

Handschlag:
Wenn Sie jemals voller Erwartung auf einen Menschen, der Selbstbewusstsein vorgibt, in eine solche »Leichenhand« gegriffen haben, dann wissen Sie augenblicklich, was gemeint ist. Es ist erschaudernd.

▶ Die Grundlagen der Kommunikation

Ihnen ist es dann nicht mehr wichtig, mit welchen Zeugnissen seiner vorherigen Arbeitgeber er ankommt. Selbst wenn er Ihnen versichern würde, dass er unglaublich kämpfen könne – Sie würden ihm nicht mehr glauben können. Eine klassische paradoxe Situation.

Ein umgekehrtes Beispiel könnte der Arbeitskollege sein, den Sie ebenfalls auf Ihre Party eingeladen haben, der Ihnen mit strahlender Miene mitteilt: »Schade, leider kann ich nicht bleiben!« Sie stellen fest, dass die Aussage mit dem »Bild« des Aussagenden nicht übereinstimmt. Wie wichtig ist dann der reine Inhalt der Aussage?

In der menschlichen Kommunikation wird fortwährend vom Empfänger der Nachrichten kontrolliert und beobachtet, ob das Gesagte mit dem Gezeigten wirklich übereinstimmt. Und was überwiegt, das Gesagte oder das Gezeigte?

Vielleicht ein Beispiel aus dem Großhandel? Da kommen die Kunden in das Geschäft und stehen vor einem gewaltigen Tresen, circa 1,50 m hoch. Dahinter sitzt ein Mitarbeiter, der angestrengt telefoniert oder auf seinen PC einhackt. Und da der Mitarbeiter so ungeheuer *wichtig* beschäftigt ist, würdigt er den ankommenden Kunden mit keinem Blick. Der Kunde versucht, sich irgendwie bemerkbar zu machen. Der Verkäufer dreht sich auf seinem Bürostuhl vom Kunden weg, damit er ungestörter telefonieren kann.

Gemessen an den unternehmerischen Zielen, dass der Kunde wichtig ist, wirkt dieses Verhalten und diese Barriere paradox! Glauben Sie wirklich, dass dieser Mitarbeiter gleich im eigentlichen Kundengespräch noch überzeugen kann?
Jetzt werden Sie vielleicht einwenden, dass solches Verhalten beinahe in jedem Großhandel zu beobachten ist. Stimmt. Da haben Sie wieder einmal Recht. Und wenn schon? Dann machen wir es besser. Ganz einfach!

Was will der Verkäufer noch zur Kundenorientierung oder Achtung des Kunden erzählen? Unser Kunde in diesem Beispiel wird sich kurz beraten lassen, nimmt Informationen mit und bittet sich am Ende des Gespräches eine Bedenkzeit aus, um so höflich zu verschwinden. Vielleicht hat unser Verkäufer es nicht so gemeint, kann sein? Aber ist das Gutmeinen wirklich entscheidend?

Entscheidend ist, was auf der anderen Seite ankommt

Das dritte Prinzip ist leichter formuliert, als es zu beachten ist. Wir glauben viel zu oft, dass es allein schon ausreicht, etwas zu sagen. Wir gehen stillschweigend davon aus, dass der jeweils andere schon »höre«, was wir meinen.
Aber (nach KONRAD LORENZ) ...

Gesagt	*ist noch nicht*	gehört.
Gehört	*ist noch nicht*	verstanden.
Verstanden	*ist noch nicht*	einverstanden.
Einverstanden	*ist noch nicht*	angewendet.
Angewendet	*ist noch nicht*	beibehalten.

Wir sagen oder beschreiben etwas aus unserer Sicht ganz Eindeutiges und treffen die Annahme, dass unser Gegenüber es dann auch genauso hören, verstehen, ihm zustimmen, es anwenden und beibehalten wird. Es sind aber nur Annahmen, die wir treffen, die mit der Realität übereinstimmen können – aber nicht müssen!

Es kann sein, dass unser Gegenüber uns »verstanden« hat; es *kann* sein, dass er mit dem Gesagten »einverstanden« ist, er es »anwenden« und »beibehalten« wird, *aber es kann eben nur sein!* Wir, die Sender einer Botschaft, *wissen* es nicht.

Oft gehen wir aus Bequemlichkeit viel zu schnell von einer gegenseitigen Übereinstimmung aus.

Gute Kommunikation, guter Verkauf wäre hier, nachzufragen, was denn von dem Gesagten angekommen ist?

▶ Die Grundlagen der Kommunikation

Was wurde vom Empfänger der Nachricht wie verstanden? Nur wenn wir diesen Abgleich der Informationen durchführen, haben wir als Sender einer Nachricht die Chance, dass aus einer Botschaft mehr werden kann als nur eine bloße Absicht, es gut zu machen.
Sie kennen das: Immer wieder erklären uns Menschen nach einem Missverständnis, dass sie es doch eindeutig formuliert hätten. Ganz sicher haben sie sich Mühe gegeben. Aber was kommt dabei heraus? Die Absicht, es genau auf den Punkt zu erklären, lag ja vor. Aus irgendeinem Grund aber wurde der Sachverhalt durch Unaufmerksamkeiten, vielleicht sogar auf beiden Seiten, verwässert; vielleicht nuschelte der Sender, vielleicht war der Empfänger nicht bei der Sache?

Im Ergebnis aber bleibt das Bemühen des Senders erfolglos. Und wenn wir uns *ergebnisorientiert* fragen wollen, was aus unserem Bemühen einer guten Verständigung wird, so werden wir nicht umhinkönnen, nachzufragen.

Zugegeben, Sie werden das nicht mit jeder Nachricht, die Sie weitergeben, durchführen können. Aber vielleicht werden Sie sich angewöhnen, bei den für Sie wichtigen Informationen für Ihr Gegenüber doch noch einmal nachzufragen, ob sie sich »einig« sind?

»Herr Kunde, ich bin mir nicht sicher, ob *ich* den Sachverhalt XY wirklich richtig rübergebracht habe. Mir ist es wichtig zu betonen, dass …! Konnte ich mein Anliegen deutlich machen?«

Wenn Sie diese Formulierung genau beachten, dann wird Ihnen auffallen, dass der Sender dieser Nachricht nur *sich*, aber niemals den Kunden und seine Aufmerksamkeit infrage stellt.
Das ist nicht devot, das ist kluge Verhandlungstaktik. *Ich*, als Verkäufer, habe es nicht nötig, dem Kunden zu erklären, dass er nicht aufgepasst hat. Meinen Kunden möchte ich nicht in Verlegenheit bringen, wozu auch?

Vielleicht bemerkt der Kunde, dass Sie sich schützend vor ihn stellen. Wenn er es bemerkt, dann machen Sie gute Punkte auf der nach oben offenen Sympathie-Skala. Und wenn nicht, was soll's. Sie achten auf das Wohl Ihres Kunden. Er soll sich wohl fühlen und gleich den Kaufvertrag mit Ihnen abschließen. Das ist das Ziel Ihrer Arbeit.

Die vier Arten der Wahrnehmung

Als wichtiges viertes Prinzip möchten wir die vier Arten der Wahrnehmung (nach FRIEDEMANN SCHULZ VON THUN) vorstellen. In diesem Modell geht es darum, dass jede Nachricht empfängerseitig in vier Aspekte »zerlegt« und analysiert wird.
Auch in diesem Modell begegnet uns wieder die Inhaltsebene, nämlich im **ersten**

Aspekt (dem **Sach-Ohr**): »Worum geht es hier?« oder »Was ist Sache?« In der Grafik oben haben wir die Aspekte mit jeweils einer Gedankenblase gekennzeichnet.

Der **zweite Aspekt** (das **Appell-Ohr**) befasst sich mit der Frage: »Was soll ich tun?« oder »Was erwartet der andere von mir?«

Der **dritte Aspekt** (das **Selbstoffenbarungs-Ohr**) will klären, was denn der Sender der Nachricht über sich selbst aussagt. »Was soll ich hören, was soll ich an seiner Lage verstehen? Was sagt er über sich selbst aus?«

Der **vierte Aspekt** (das **Beziehungs-Ohr**), und hier bemerken Sie ebenfalls eine Wiederholung aus der zweiten Kommunikationsebene, ist die Frage nach der Beziehung: »Wie geht er mit mir um? Ist er fordernd und womöglich distanzlos oder behutsam und freundlich? Geht der andere mit mir respektvoll um?«

Ein kleines Beispiel verdeutlicht das theoretische Modell. Stellen Sie sich folgende Situation vor: Ein Verkäufer fragt: »Möchten Sie finanzieren?««

Betrachten wir uns dieses kleine Beispiel mit den vier Arten der Wahrnehmung, dann ergibt sich folgende Analyse:

Die Sachebene ist klar, aber das ist auch schon das Einzige, was klar und eindeutig ist: »Möchten Sie finanzieren?«

Der Appell *könnte* lauten: »Offenbare dich und dein Einkommen!«

Über sich sagt der Sender in der Selbstoffenbarung *möglicherweise* aus: »Ich glaube, Sie haben kein Geld!«

Bis hin zur Beziehungsfrage *könnte* der Empfänger verstehen: »Lieber Kunde, du bist oder du wirst abhängig von mir!«

> Die Grundlagen der Kommunikation

Jetzt werden Sie einwenden, dass die letzten drei Aspekte »unser Verkäufer« hier mit keinem Wort erwähnt habe. Und Sie haben Recht! Und so hätte auch der Verkäufer Recht, wenn er dies dem Kunden nochmals klarmachen wollte. Der Verkäufer hat nicht gesagt, dass der Kunde sich finanziell entblößen soll oder dass er glaube, der Kunde hätte kein Geld bzw. er Abhängigkeiten schaffen oder konstruieren will. Er hat nur gefragt, ob der Kunde finanzieren möchte. Aber was würde ihm sein Rechthaben denn nützen?

Der Kunde bekommt dieses Angebot sozusagen in den falschen Hals. Kann passieren. Wenn dieser Verkäufer schlecht beraten wäre, dann würde er darauf bestehen, dass er nur gefragt habe, ob der Kunde finanzieren möchte – mehr nicht!

Kann unser Verkäufer aber erfolgreich kommunizieren, dann wird er sich jetzt auf die Tatsache besinnen, dass es nicht darauf ankomme, was er als Sender gesagt hat, sondern was der andere möglicherweise gehört haben wird. Er würde, statt sich zu rechtfertigen, vielmehr auf die Suche gehen, was denn den Kunden irritiert haben könnte. Er fragt nach.

Wie Sie aus eigener Erfahrung wissen, ist das Thema Geld höchst sensibel zu behandeln. Dabei ist es völlig unerheblich, ob Sie über Geld sprechen, welches jemand hat, oder über Geld sprechen, welches jemand gerade nicht hat!
Unser Verkäufer fragt nach einer möglichen Finanzierung. Einmal davon abgesehen, dass mit einer spontanen geschlossenen Ja-Nein-Frage nahezu immer ein »Nein«« provoziert wird, bemerkt er in diesem Gespräch, dass der Kunde unmittelbar nach seiner Frage *stumm* wird und sich körpersprachlich zurückzieht. Er fragt nach: »Herr Kunde, ich bekomme mit, dass Sie da etwas beschäftigt! … Was beschäftigt Sie?« Jetzt hat der Verkäufer wieder alles im Griff. Antwortet der Kunde auf diese offene Frage, so weiß der Verkäufer, worum es geht. Gibt es für den Kunden nichts, was ihn beschäftigt, na dann kann der Verkäufer abschließen, oder?

Ein anderes Beispiel noch: Der Chef kommt in Ihre Abteilung und spricht Sie an: »Das Regal da drüben ist staubig!«

▸ Die Grundlagen der Kommunikation

Sie hören aus der *Selbstoffenbarung* heraus, dass es ihm nicht gefällt. Als Appell verstehen Sie, dass Sie jetzt loslaufen sollen, um dieses Regal zu entstauben. Und die Frage der *Beziehung* scheint Ihnen auch schon klar: »Er hat keine Achtung vor mir!«

In diesem Beispiel wäre Ihr Chef kommunikativ sehr klug beraten, wenn er, nachdem er Ihren Verdruss bemerken würde, Ihnen beispielsweise erklärte: »Lieber Herr Mitarbeiter, ich schätze Sie sehr. Kann es sein, dass ich Sie gerade mit meiner Bemerkung zu dem Regal irritiert habe?«

Haben Sie ein gutes Verhältnis, dann antworten Sie ganz offen. Ist das Verhältnis *vorbelastet*, dann werden Sie eher abwiegeln: »Wieso? Ach was. Überhaupt kein Problem …« Ihr Chef sieht die Anspannung in Ihrem Blick oder beobachtet, dass Sie, während Sie das sagen, auf den Boden schauen. Jetzt wird er Sie noch einmal ansprechen *müssen*, um Ihre Beziehung nicht zu gefährden.
Eigentlich hat er sich nur über den Reinigungsdienst geärgert, der immer wieder Anlass zur Reklamation gibt. Vielleicht wollte er Sie nur auf diesen Missstand hinweisen, damit Sie gleich mit Ihrem Kunden in keine unangenehme Situation geraten.

Wenn Sie sich nicht sicher sind, was Ihr Gegenüber wirklich verstanden hat, dann …

Fragen Sie nach!

Beachten Sie dann aber bitte, dass nicht der andere Sie falsch verstanden haben muss, sondern dass Ihr Gesagtes nicht richtig herübergekommen sein kann.

Wenn Sie erfolgreich kommunizieren möchten, dann ist und bleibt es unerheblich, wer wen nicht richtig verstanden hat, sondern es liegt ausschließlich beim Sender, bei Ihnen, sofern Sie das möchten, zu überprüfen, was an Inhalten und Verstandenem beim Gegenüber wie empfangen wurde. Wir Verkäufer möchten unsere Ziele erreichen. Wir möchten, dass der Kunde sich wohl fühlt, gerne einkauft, uns weiterempfiehlt und gerne wiederkommt.

Aus dem dritten Prinzip: »»Entscheidend ist nicht, was Sie sagen, sondern was auf der anderen Seite ankommt« und dem vierten Prinzip: »Die vier Arten der Wahrnehmung« leitet sich ein ganz wichtiger Kernsatz ab:

Jeder Mensch hat ein Recht auf seine eigene Subjektivität!

Zwei kleine Gedanken noch: Sie kennen alle die spannenden, aber auch nie endenden Diskussionen über die Objektivität und die Unmöglichkeit in der Subjektivität das wirklich Objektive, die *Wahrheit* und das *Absolute* finden oder begreifen zu können. Wir Menschen sind subjektiv durch und durch. Jeder Mensch sieht, hört, fühlt, riecht, versteht, erkennt seine Eindrücke so, wie er sie in *seiner Wirklichkeit* für sich wahrnehmen *kann*. Und seine Wirklichkeit ist von so vielen Faktoren abhängig und befindet sich im ständigen Fluss.

Was nützen hier objektive Informationen? Vielleicht können sie als Bezugspunkt dienen, um Orientierung zu sein. Aber im Sinne von Rechthaberei helfen sie niemandem. Sie stoßen eher ab. Gute Kommunikation lässt dem Gesprächspartner seine subjektive Weltsicht. Wie viel mehr können Sie erreichen, wenn es Ihnen gelingt, den anderen in seiner Sicht zu verstehen?

Ein anderer Gedanke ist der, dass *das Recht zu haben* auf die eigene Subjektivität den Gesprächspartner *selber* gerade mit *seiner* Art der Wahrnehmung *aufwertet*. Nicht er irrt sich zwangsläufig, weil er nicht objektiv *genug* ist. Sondern wir erhalten eine Chance, teilhaben zu können. Das schafft Achtung vor dem anderen und den nötigen Respekt im Umgang mit dem anderen!

▸ Die Grundlagen der Kommunikation

Checkliste

Wir kommunizieren immer, fortwährend!

– Die wichtigste Ebene ist die Beziehungsebene, denn dort entscheidet sich die Qualität eines Gespräches!
– Wir kommunizieren eindeutig und vermeiden paradoxe Situationen!
– Freundliches Gesicht, kompetenter Händedruck, klare Aussprache!
– Jeder Kunde wird begrüßt, selbst wenn es erst einmal nur ein Blick sein kann!

Entscheidend ist, was ankommt!

– Der Kunde hat (fast) immer Recht!
– Hauptsache wir führen ihn zum Abschluss!
– Wir beobachten, wie unsere Nachrichten ankommen!
– Wir fragen bei wichtigen Inhalten nach!

Leidet das Selbstwertgefühl, dann leidet die Kommunikation!

– Wir wirken niemals überheblich oder rechthaberisch!
– Wir sind achtsam dem Kunden gegenüber und sprechen seine Sprache!
– Der Kunde hat ein Recht auf seine subjektive Wahrnehmung!

▸ Die Sache mit dem Eisberg

Wahrscheinlich haben Sie bereits im Inhaltsverzeichnis diese Überschrift gelesen und gedacht: »Haben die Verkaufsexperten nichts Neues zu bieten?« Oder Sie dachten vielleicht: »Habe ich schon einmal gehört. Ist aber sicher nur eine Erfindung eines Verkäufers, der sich einen wissenschaftlichen Touch verleihen wollte.«

Der Eisberg ist nicht neu, aber durch das genaue Verstehen dieses Modells werden sich Ihnen wie von selbst neue Türen bzw. neue Möglichkeiten im Umgang mit Menschen eröffnen. Sie werden, wenn Sie genau beobachten, feststellen, dass in den allermeisten Verkäuferschulen zwar der Eisberg zitiert wird, aber die Umsetzung auf das Verkaufsgespräch nur halbherzig erfolgt.

Als Grundlage aller neuzeitlichen Modelle, die beschreiben, wie der Mensch bzw. wie das Innerseelische funktioniert, wird häufig der so genannte Eisberg zitiert. Bereits vor rund 100 Jahren wurde dieses Modell von SIEGMUND FREUD (1856-1939) entwickelt.

Bewusstes und Unbewusstes
FREUD beschrieb seine Beobachtungen mit dem Modell eines Eisberges und führte den Begriff des Unbewussten ein.

Für FREUD war der Eisberg ein treffendes Bild, weil das, was von einem Eisberg zu sehen ist, nur der kleinste Anteil ist. In diesem Modell gesprochen, symbolisiert

der Eisberg die menschliche Psyche, von der nur 1/10 bewusst, sozusagen an der Oberfläche sichtbar, erfassbar wird. Der größte Teil der menschlichen Psyche, nämlich 9/10 (oder 90 %) seien dem Individuum nicht bewusst und entzögen sich dem (logischen) Denken.

Am Anfang war der Traum

Wir sprechen so selbstverständlich von Bewusstsein, Unbewusstem und kollektivem Unbewussten. Und die wenigsten können sich wirklich etwas darunter vorstellen.

Dennoch, oder gerade wegen dieses Umstandes, ist es so wichtig, aufzuzeigen, was die professionelle Beachtung eines 90-%-Anteils des Unbewussten in unserem Alltag verändern wird.

Wie macht uns im Verkauf und im Umgang mit Menschen die Beachtung des Eisberges erfolgreicher? Denn bloße Theorie hilft uns nicht weiter; wichtiger ist es, dass uns dieses Erkennen wirklich praktischen Nutzen bietet.

Wir wollen uns jetzt beim Eisberg auf den »Kopf« als Ort des Bewussten und den »Bauch« als Ort des Unbewussten verständigen. Sie kennen das sicher: Wenn ein wirklich tiefgehendes Gefühl, wie z. B. das Verlieben, Sie »erwischt«, dann spüren Sie es wo zuerst? Nicht im Kopf – sondern im Bauch! Wenn Sie morgen etwas schocken sollte, dann »schlägt« es Ihnen in die Magengrube.

Übrigens: Bemerkenswerterweise ist erst vor einigen Jahren entdeckt worden, dass wir mehr Nervenzellen im Bauchraum haben als im Kopf. Interessant, nicht wahr?

Schauen wir noch einmal auf unseren Eisberg in der nachfolgenden Skizze.

Hier wird in der Andeutung der Masse unterhalb der Wasseroberfläche auf einen Blick erkennbar, welche ungeheuren nichtbewussten Fähigkeiten und Kräfte in der Menschenseele schlummern müssen.
Mit anderen Worten können wir auch formulieren, wie wichtig und notwendig ein behutsamer Umgang mit anderen Menschen ist. Das, was wir von anderen Menschen erkennen können, ist offensichtlich nicht so viel. Und es kann sogar sein, dass selbst bei noch so friedvoller Stimmung mögliche Gefahren unterhalb der Wasseroberfläche lauern.

▶ Die Sache mit dem Eisberg

Wie es scheint, haben wir Menschen uns den (nur) 10-%-Kopf recht gut eingerichtet. Unser Kopf arbeitet gut. Wir sind in der Lage, mit dem Einsatz unserer erdachten Technik alles anzustellen, was wir noch vor 30 Jahren kaum zu glauben wagten. Mars-Sonden und Roboterfahrzeuge, die wir hier von der Erde aus steuern, die DNS (Desoxyribonukleinsäure) des Menschen ist bereits entschlüsselt, Tiere sind klonbar geworden und ungeheure Datenmengen durchströmen den Erdball per Funk, per Satellit und durch unendliche Kabelstränge mit Lichtgeschwindigkeit tausendfach pro Tag.

Wir sind bei diesen Aufzählungen geneigt, FREUD und seinen Schülern in Sachen Verteilung zwischen dem 10-%-Unbewussten und dem 90-%-Unterbewusstsein nachträglich zu Gunsten des Kopfes zu widersprechen. Dieser 10-%-Kopf bzw. das bewusste Denken müsste mindestens dem Unbewussten gleichzustellen sein. Das könnten wir mit Energie diskutieren. Aber was würde es uns bringen?

Eine andere Alternative bietet sich an: Wenn schon 10 % unseres (bewussten) Geistes in der Lage sind, in mehr als 150 Jahren der Industrialisierungsgeschichte die ganze Welt komplett auf den Kopf zu stellen, was schlummern dann in den restlichen 90 % des Unbewussten für Ressourcen, Energien und Kräfte?

▸ Die Sache mit dem Eisberg

Es gibt heute noch ein Naturvolk, das der Aborigines, das älteste Volk der Erde. Von ihren Ahnen *wissen* sie, dass sie schon seit 400.000 Jahren auf dieser Erde leben. Die Aborigines haben bis heute eine Art der Verständigung kultiviert, die wir uns mit unserem Weltbild weder vorstellen noch erklären können. Sie verständigen sich über große Entfernungen hinweg durch eine Art Telepathie. Mit ihren Gedanken tauschen sie Informationen aus. Ein Initiationsritual besteht darin, die neuen Erwachsenen an einem Ort für zwei Wochen zurückzulassen. Die Gruppe zieht hingegen weiter. Die jungen Erwachsenen müssen nach zwei Wochen kraft ihrer erworbenen mentalen Fähigkeiten die Gruppe bzw. den Stamm wiederfinden. Und es funktioniert ohne großes Aufheben. Diese Art der Kommunikation ist so selbstverständlich wie in unseren Breiten das Telefonieren mit einem Handy. Und genauso selbstverständlich »funktioniert« auch die Verständigung der Aborigines.

Aber wie genau läuft deren Verständigung ab? Wir wissen es nicht. Womöglich, weil unser Weltbild dies so nicht hergibt. Aber dürfen wir dann behaupten, dass es diese Verständigung über 1.000 Meilen hinweg nicht gibt?

Unabhängig unseres Verständnisses dieser Phänomene existiert diese lautlose Verständigung über große Distanzen *dennoch*!

Wie oft denken Sie an jemanden, der dann keine fünf Minuten später anruft? Häufig werden Fälle berichtet, in denen wir von getrennt lebenden Zwillingspaaren hören, die genau erfühlen und spüren können, wie es dem anderen gerade ergeht. Oder tausendfach gibt es Meldungen, wonach Menschen spürten, dass ihren engsten Angehörigen gerade etwas zugestoßen sein musste. Später stellten sich schlimme Unglücksfälle und Ähnliches heraus. Wenn man den Blick für diese Phänomene einmal geschärft hat, findet man eine Vielzahl von Beispielen. Noch einmal kurz zurück zu der Verständigung der Aborigines: *Stellen Sie sich nur einmal vor, unsere Partner, Kollegen, unser Chef, unsere Kunden und andere mehr könnten ohne Schwierigkeiten in unsere Gedanken hineinhören*. Der Himmel soll uns hiervor bewahren!

Können wir angesichts der *Technik* der Aborigines und der Erkenntnis der Vorgänge auf einer uns nicht bekannten Bewusstseinsebene, möglicherweise des kollektiven Unbewussten, wirklich noch sagen: »Was ich nicht seh, das es nicht gibt!«?

Wenn CARL GUSTAV JUNG (1875-1961) Recht behält und es ein kollektives Unbewusstes gibt, das uns alle miteinander verbindet, und wenn wir unser Unbewusstes nicht einfach fragen können, was wir da wahrnehmen (weil es eben nicht bewusst abläuft), wäre es dann nicht klüger, mehr auf das eigene seelische Gemüt und auf gesunde seelische »Nahrung« Acht zu geben? Wäre es nicht klüger, darauf Acht zu geben, was wir gerade in welcher Situation über jemand anderes denken?

Noch einmal der Eisberg

In der Zusammenfassung betrachtet stellt sich also folgendes Bild dar:

10 % Kopf

Unser Wissen:

Zahlen, Daten, Fakten, Logik ...

90 % Bauch

Unser Gefühl, unsere Intuition:

Vertrauen, Persönlichkeit, Psychologie, Menschlichkeit, Verständnis, Mitgefühl, Geduld, Einfühlungsvermögen ...

Nach einer Schulzeit z. B. von zehn oder 13 Jahren haben wir gelernt, unseren Kopf gut zu gebrauchen. Wir wissen universell mehr als die besten Wissenschaftler noch vor 50 Jahren. Wir fügen noch eine Berufsausbildung und andere Lehrgänge über die Jahre hinzu. Vielleicht studieren Sie in den nächsten Jahren noch weitere Inhalte; und doch, Sie füttern nur den Kopf oder anders formuliert: Ihre Psyche und Ihr ganzes Selbst profitieren nur zu 10 % von Ihren Anstrengungen.

Bitte seien Sie nicht ungehalten. Es geht nicht um eine Abwertung oder generelle Infragestellung Ihres trainierten Verstandes; es geht vielmehr um die Bewusstmachung

▸ Die Sache mit dem Eisberg

eines wichtigen Umstandes im Umgang mit Menschen. In der oben gezeigten Grafik sehen Sie im Kopfbereich die harten Faktoren, nämlich die, die man messen und rasch bewerten kann. Im unteren Teil, dem Bauchbereich, sind Inhalte vorgeschlagen, die als weiche Faktoren unserer Psyche durch uns zu kultivieren sind.

In einem Gespräch z. B. reden Sie mit einem anderen Menschen über eine Sache und tauschen Gedanken oder Strategien aus. Zwischen den Zeilen des Gesagten hören Sie die nonverbalen, also die nicht gesprochenen Hinweise über das Miteinander heraus. Es tut Ihnen gut, an Menschen zu geraten, die eine gewisse Wärme ausstrahlen. Es ist wunderbar angenehm für Sie, wenn Sie auf Menschen treffen, die einfühlsam sind. Sie müssen nicht erst durchdenken, wie Sie sich dann fühlen.

Sie fühlen sich angenommen, und dies ist für jeden Menschen von unbedingter Wichtigkeit.

Stellen Sie sich vor, dass entsprechend dieser Grafik z. B. die Entscheidung, ob Ihr Kunde bei Ihnen kaufen wird, vom Bauch zu 90 % *dominiert* wird.

Beachten Sie bitte, dass:

»Je größer die Bedeutung einer anstehenden Entscheidung, eines zu erwartenden Problems und der zu erwartenden Konsequenzen ist, desto wahrscheinlicher wird das emotionale System (unser Bauch, 90 %) obsiegen!« (Forschungsergebnisse: GERHARD ROTH, Professor für Verhaltensphysiologie an der Universität Bremen, 1991)

Oder fragen Sie sich, ob Sie Werbebotschaften aus Funk und Fernsehen wirklich geistig reflektiert haben, bevor Sie zum Einkauf schreiten?

Es ist keine Kunst vorherzusehen, dass im Falle eines umgekehrten Verhältnisses von 90 % Kopf und 10 % Bauch keine teuren Werbezeiten im Fernsehen, im Kino und keine Werbung an den Plakatwänden und Litfaßsäulen auf diesem Planeten mehr nötig wären.

▶ Die Sache mit dem Eisberg

Wie *logisch* sind Werbebotschaften? Im besten Falle überhaupt nicht. Es dominiert eindeutig der Bauch! Werbebotschaften sind also viel mehr *psychologisch*!

Alles, was mit dem Bauch entschieden wird, wird mit dem Kopf begründet!

Dass uns manchmal der Kopf raucht, wundert da nicht mehr. Wir kaufen Kleidung, die nicht wirklich besser als die anderen Angebote ist, schon deswegen, weil dort ein Logo einen gewissen Geschmack und Lifestyle unseren Freunden und Nichtfreunden (denen erst recht) präsentiert. Wir tragen Schuhe, die weder bequem noch gesundheitsförderlich sind, weil es so wichtig ist, sie zu besitzen. Wir kaufen Autos für die Familie am besten neu vom Händler. Dass es irgendwie unsinnig ist, im ersten Jahr des Autobesitzes zwischen 25 und 40 % des Neuwertes zu verlieren, ist logisch, aber es interessiert nicht, weil der Bauch entscheidet. Wir kaufen *jetzt* eine neue Wohnungseinrichtung, obwohl es gerade *jetzt* nicht sein müsste. Möbelkauf ist Psychologie pur. Menschen wollen sich oder neue Lebensumstände zum Ausdruck bringen. Dafür müssen dann alte Möbel raus und neue Möbel her. Menschen möchten Möbel kaufen, um etwas *Wesentliches* zu verändern! Das ist nicht Kopf, das ist Bauch vom Feinsten.

Vielleicht möchten Sie Ihrer Partnerin oder Ihrem Partner einen wirklich tollen Schmuck kaufen und überreichen, damit er oder sie wirklich realisiert, dass er oder sie der wichtigste Mensch für Sie ist. Rein logisch betrachtet erhöht eine Panzerkette aus Gold, eine echte Perlenkette oder ein besonders hochkarätiger Diamantring nicht wirklich das Verständnis von Gemeinsamkeit. Wenn schon vor dem Kauf des Schmuckes Ihr Partner es kaum hat verstehen können, dass er oder sie es ist, den Sie über alles setzen, wieso sollte rein logisch betrachtet eine Kette aus Edelmetall oder aus perlmuthaltigen Ausscheidungen bzw. geschliffenem Kohlenstoff mehr erreichen, als Ihre zärtlichsten Worte?

Was glauben Sie, wie häufig geben Ihre Kunden mehr Geld aus, als es eigentlich gemessen an deren Verhältnissen sinnvoll wäre?

Sich *gut* zu fühlen, sich *wichtig* zu fühlen, das lässt man sich gerne etwas kosten. Betrachten Sie einmal nur die üblichen Autowerbungen. Es ist wirklich geniale Werbung! Immerzu fahren dort Autos über Serpentinen und durch Innenstädte, und nie ist Gegenverkehr oder ein anderes Auto zu sehen, was den Genuss stören würde. Welchen Wagen Sie in der Realität auch immer fahren werden, Sie werden es immer wieder mit nervigen Autofahrern auf Ihren Straßen zu tun haben. Was uns gezeigt wird, ist Eleganz, immerzu jede Menge Platz, selbst im kleinsten Auto, Fahrspaß, hocherotische sportliche Frauen und wirklich markante Männer.

Die Autovermietung E-Sixt brachte es vor einigen Monaten treffend auf den Werbe-Punkt: »Demütigen Sie Ihren Nachbarn!« Vielleicht kennen Sie den Spot: Da schneidet ein Mann seine Hecke und sieht beim Blick über die Hecke das Auto seines Nachbarn. Der heckenschneidende Nachbar in diesem Spot lässt die Schultern fallen.

Diese Formulierung verrät, worum es geht: Nochmals, das ist nicht Kopf, das ist

---

Die Wirtschaft lebt von Menschen, die Geld ausgeben, welches sie nicht haben, um denen zu gefallen, die es nicht leiden können!

Bauch. In einem anderen Spot »streichelt« ein glücklicher Autobesitzer im Vorgarten seines Häuschens seinem Auto mit einem weichen Schwamm zärtlich über die Motorhaube, während sein Nachbar grimmig dem Treiben dieses Wagenbesitzers zuschauen muss. Interessant ist doch, dass von *der Liebe zum Auto* überhaupt die Rede sein kann. Logisch ist das allemal nicht, aber psychologisch macht es Sinn.

Ihr Zukunftsorgan

In den vergangenen Kapiteln haben wir sehr viel über das Unbewusste erfahren. Das Unbewusste ist eine unerschöpfliche Kraftquelle; es ist Ihr Zukunftsorgan!

▶ Die Sache mit dem Eisberg

Kennen Sie so eine Situation: Sie haben plötzlich einen Gedanken und dürfen ihn nicht vergessen? Sie haben nun aber keinen Notizblock. Jetzt kommt noch ein zweiter Gedanke, ein dritter Gedanke hinzu. Und schon wird es mühsam und anstrengend, diese drei Gedanken zusammenzuhalten und sie eben nicht zu vergessen. Und wenn Sie dann noch Angst entwickelten, Sie würden die Gedanken nicht festhalten können, sind sie schon entschwunden! Das Bewusstsein ist sehr stressanfällig, und in der Merkfähigkeit ist es oft eher flüchtig. Anders verhält es sich mit dem Unbewussten. Das Unbewusste vergisst nichts. Rein gar nichts! Alle Erlebnisse, alle Gefühle, alle Bilder, Gerüche und Geräusche; alles, was unser Leben begleitet hat, findet sich unlöschbar abgespeichert in ihm wieder.
So können auch Sie z. B. bei bestimmten erinnerten Bildern plötzlich auch Gerüche wahrnehmen. Kennen Sie das?

Wie genial könnte es sein, wenn es uns gelänge, diese Speicherfunktionen für uns jederzeit nutzbar zu machen? Stellen Sie sich bitte einmal vor, was es für Sie an Nutzen bringen würde, wenn es Ihnen gelingen würde, die für Sie wichtigen Dinge, wie Ziele, Hoffnungen und Wünsche, Ihrem Unbewussten zu übergeben, dann brauchten Sie nicht mehr täglich an Ihre Ziele und Wünsche zu denken; das übernähme dann ab sofort Ihr Unbewusstes.

Besser noch, stellen Sie sich ergänzend vor, dass Ihr Unbewusstes für Sie arbeiten und Ihren weiteren Weg zielgerichtet ausrichten würde. Diese Vorstellung wirkt zugegeben leicht fantastisch. Auch deshalb, weil die Kontrolle über die unbewussten Abläufe nicht herstellbar ist. Und das, was dies alles so unkontrollierbar macht, ist die Tatsache, dass es sich eben unserem Denken entzieht. Aber genau dies ist die wichtigste Aufgabe Ihres Unbewussten!

**Alles, was Sie sich wünschen und vorstellen können,
soll und wird Ihr Unterbewusstes realisieren. Wirklich alles!**

Der Philosoph RENÉ DESCARTES prägte die berühmte Feststellung: »Ich denke, also bin ich!« Der Mensch denkt, also existiert er! Angesichts dieser Erkenntnisse über die Kraft des Unbewussten sollten wir ergänzen:

▶ Die Sache mit dem Eisberg

Der Mensch fühlt, also gestaltet er – der Mensch glaubt, also schafft er Realitäten!

Und was hat der Eisberg nun mit Ihrer Arbeit zu tun?

Es geht natürlich bei Ihrer Arbeit wesentlich um Ihre Kunden. Und die sind bekanntlich Eisberge. Keine Frage. Aber wesentlich ist bei der Betrachtung des Eisbergmodells auch, dass Sie erkennen, dass auch Sie wesentlich Eisberg sind! Auch Sie *bestehen* zu 90 % aus einem unbewussten *Bauch*. Selbstverständlich ist es großartig, wenn Sie im Verkauf über das Wesen der Eisberge Bescheid wissen. Sie verstehen Ihre Kunden sozusagen auf einer ganz anderen Ebene.
Aber was soll es nützen, wenn Sie selber mit Ihrem Bauch nicht umzugehen wüssten? Wissen Sie über Ihren Bauch Näheres? Wissen Sie, was im guttut? Oder mit anderen Worten: Wie sollen Sie jemals einen Menschen wirklich begeistern können, wenn Sie in Ihrem Bauch eher nur Ungutes mit sich tragen würden?

Wussten Sie, dass heute ein sechsjähriges Kind tatsächlich im statistischen Mittel mehr als 500 Fernsehleichen hat sehen müssen? – Kein Bild verlässt je die Seele, jedes Bild beeinflusst uns auf der seelischen Ebene fortwährend! … Was ist mit Ihnen? Was haben Sie schon alles gesehen, erlebt und erfahren?

Morgens um 06:30 Uhr in Deutschland. Denken Sie sich einmal, dass die allermeisten sofort nach dem Aufstehen ins Bad wanken, das Licht einschalten, in den Spiegel schauen und denken: »Ach du liebe Güte! Wie siehst du denn schon wieder aus? Furchtbar!«

Was macht das mit Ihnen?

Denken Sie noch eine Stufe weiter: Sie stehen morgens um 06:30 Uhr auf und Ihr Partner schaut Sie an und schimpft: »Siehst du aber schlimm aus! So kannst du nicht unter die Leute gehen. Das Alter macht dich wirklich hässlich. Schließe lieber das Badezimmer ab, damit die Kinder keinen Schrecken bekommen!«

> Die Sache mit dem Eisberg

Wie würden Sie sich fühlen bei einer solchen Begrüßung am Morgen?

Egal wie wichtig dieser Partner für Sie wäre, Sie würden spätestens nach vier Wochen die Beziehung beenden, um Ihr Seelenheil einigermaßen zu retten. Solche Partner können Sie zur Not austauschen. Aber können Sie das auch mit sich selber?

Die meisten Menschen in unserem Kulturraum treten morgens vor den Spiegel und schimpfen mit sich selber. Im Zweifel noch schlimmer als der eben erwähnte Partner.

Was macht das mit Ihnen? Kennen Sie das? Steter Tropfen höhlt den Stein!

Wie kann ein Verkäufer begeistern, wenn es selber in seiner Seele nie ausreichend ist? »Ich hätte ein toller Ingenieur werden können, doch jetzt bin ich nur Verkäufer.« Wer so denkt, der wird nie Menschen für sich gewinnen können. »Eigentlich wollte ich leidenschaftlich Mechaniker werden, doch jetzt verkaufe ich nur noch Autos.« Oder: »Ich habe nichts Besseres gelernt, da bleibt mir nur noch der Verkauf!«
Diese Gedanken immer wieder wiederholt, üben eine verheerende Wirkung auf Ihren Bauch, Ihr Unbewusstes und Ihren Verkaufserfolg aus.

Wenn Verkäufer auch Eisberge sind, dann müssen Sie unbedingt auch auf Ihre innerseelischen Befindlichkeiten achten. Das ist Ihr wichtigstes Kapital – um gewinnend zu sein!

Probieren Sie es einmal aus: In den nächsten vier Wochen stehen Sie morgens um 06:30 Uhr auf, gehen ins Bad und strahlen sich einmal an! Nicht nur dies. Sie gehen an keinem Spiegel oder Schaufenster vorbei, ohne sich mindestens in Gedanken freundlich zuzuzwinkern. Wenn Sie Autofahren, dann schauen Sie doch auch ab und an in den Rückspiegel, um sich kurz zu sehen. Dann schauen Sie in den nächsten vier Wochen strahlend sich selber an. Mehr nicht. Das ist alles.

▶ Die Sache mit dem Eisberg

Nach vier Wochen kennen Sie und Ihre Freunde Sie nicht wieder! Sie haben sich verändert. Sie werden überrascht sein. Wirklich.

Achten Sie darauf, dass Sie auch tatsächlich mit sich sprechen!

Nette Gedanken sind toll. Aber die Wirkung dieser Übung entfaltet sich umso schneller, als dass Sie laut mit sich sprechen. So vielleicht: »Guten Morgen, heute ist ein neuer Tag. Schauen wir mal, was *wir* heute Schönes erleben können. Ich mag dich! Ich finde dich klasse!«

Meine Erfahrung in der Seminararbeit ist die, dass die meisten Teilnehmer an dieser Stelle schmunzeln und leicht ungläubig ihren Trainer anschauen. Den einen geht durch den Kopf: »Redet der wirklich so mit sich selbst?«, und andere fragen sich, was wohl die anderen denken würden, wenn sie erfahren würden, dass man sich selbst anlächeln und ansprechen würde. »Das kann der Trainer doch nicht ernsthaft meinen!«

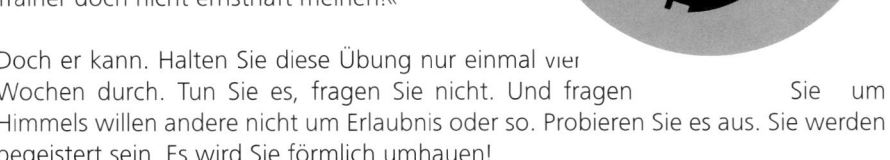

Doch er kann. Halten Sie diese Übung nur einmal vier Wochen durch. Tun Sie es, fragen Sie nicht. Und fragen Sie um Himmels willen andere nicht um Erlaubnis oder so. Probieren Sie es aus. Sie werden begeistert sein. Es wird Sie förmlich umhauen!

Und tun Sie sich selbst den Gefallen, sprechen Sie tatsächlich mit niemandem über Ihre Aktion. Selbst Ihrem Partner sagen Sie vor Ablauf der vier Wochen nichts.

Hinterher werden Sie es wahrscheinlich auch nicht mehr erzählen wollen, weil das Ergebnis wichtiger ist, als der Weg dorthin. Es kann sogar sein, dass Ihre besten Freunde nach der Sorte der Droge fragen, die Sie so verändert hat.

▶ Die Sache mit dem Eisberg

Was Sie aber ernsthaft tatsächlich erreichen werden, ist eine allmähliche Veränderung Ihrer Selbstwahrnehmung und Ihres Selbstbewusstseins. Sie werden beobachten, dass Sie sich in schwierigen Situationen viel sicherer fühlen und Menschen, die anders sind als Sie, viel schneller werden *drehen* können.

Sie wirken ab sofort sympathischer, ruhiger, anziehender, souveräner und begeistern Ihre Kunden dauerhaft!

In den vier Wochen Ihres Selbstversuches sollten Sie in jeden Spiegel lächeln, der Ihnen über den Weg *läuft*. Kniepen Sie sich doch mal zu. Vielleicht im Schaufenster, vielleicht im Rückspiegel Ihres Autos?

Und wenn Sie alleine im Auto sind, dann denken Sie daran: Sprechen Sie laut. Ob Sie es glauben oder nicht: Ich mache das immer noch so.

Denken Sie sich, Sie könnten zu sich selbst sagen: »Ich bin mein bester Freund. Ich halte zu mir. Ich glaube an mich!«

Seit vielen Jahren benutze ich Diktiergeräte, um meine Gedanken festzuhalten und meinen Kopf für neue Gedanken z. B. beim Autofahren zu entlasten. Und bis zum heutigen Tag ist es eine überflüssige, vielleicht schrullige und sicher auch eine liebenswerte Angewohnheit, mir selbst auf das Band Anweisungen und Hinweise mit *Bitte* und *Danke* zu sprechen.

Beim Sprechen empfinde ich es als selbstverständlich, beim Abhören schmunzele ich immer wieder. Irgendwie *freue* ich mich, dass ich so nett mit mir selbst umgehen kann.

Die Geschichte mit dem Tausendfüßler

Es war einmal ein Tausendfüßler, der mit seinen tausend Beinen ganz fantastisch tanzen konnte. Wenn er tanzte, versammelten sich die Tiere des Waldes, um ihm zuzusehen, und alle waren von seiner Tanzkunst zutiefst beeindruckt. Nur ein Tier mochte den Tanz des Tausendfüßlers nicht leiden, eine Kröte. »Wie schaffe ich es nur, dass der Tausendfüßler zu tanzen aufhört«, überlegte sie. Sie konnte ja nicht einfach sagen, dass ihr der Tanz nicht gefiel. Und sie konnte auch nicht behaupten, sie könne selber besser tanzen, denn das würde ihr niemand abnehmen. Schließlich heckte sie einen teuflischen Plan aus. Sie setzte sich hin und schrieb dem Tausendfüßler einen Brief. »Oh Du unvergleichlicher Tausendfüßler!«, schrieb sie. »Ich bin eine ergebene Bewunderin deiner erlesenen Tanzkunst. Und ich wüsste gern, wie du beim Tanzen vorgehst. Hebst du erst das linke Bein Nummer 228 und dann das rechte Bein Nummer 59? Oder beginnst du den Tanz, indem du das rechte Bein Nummer 26 und dann erst das linke Bein Nummer 499 hebst? Ich warte gespannt auf deine Antwort. Freundliche Grüße, die Kröte.« Als der Tausendfüßler diesen Brief bekam, überlegte er sich zum ersten Mal in seinem Leben, was er beim Tanzen eigentlich machte. Welches Bein bewegte er als erstes? Und welches Bein kam dann? ... Der Tausendfüßler hat fortan nie mehr getanzt! ...

Und die Moral von der Geschichte: Genau das kann geschehen, wenn das Denken die Fantasie und die Intuition erstickt!

▸ Die Sache mit dem Eisberg

Wie ist da Ihre Erfahrung? Die Fähigkeit, zu denken, ist so wunderbar. Aber, wie in dieser kleinen Geschichte beschrieben, diese Fähigkeit bedeutet nicht alles, um in einer Sache besonders gut und/oder glücklich zu sein oder zu werden. Die hohe Kunst in einer Sache, wie z. B. ein Instrument zu spielen, vielleicht das Schöpferische in der Kunst auszuleben, eine Kampfsportart zu beherrschen oder eine Sprache zu erlernen, können Sie nur unter Ausschluss des Denkens perfektionieren.
Dies bedeutet nicht, dass sich dumme Menschen professionalisieren können, sondern vielmehr dies, dass gerade die, die denken können, sich steigern können, wenn sie lernen, das Denken zu überwinden und sich der Intuition (dem Bauch) hinzugeben.

Zurück zu unserem Gedanken, das Unbewusste zu nutzen. Das Unbewusste kann durch Sie selbst oder durch andere Menschen beeinflusst werden. Und das ist für Ihre Zukunft entscheidend. Nämlich alles, was wir verinnerlichen, indem wir es glauben und/oder ständig wiederholen, das gewinnt in unserem »Zukunftsorgan« an Realität.

Erzählen Sie sich nur immer und immer wieder, dass Sie sowieso nicht sprachbegabt sind, dann werden Sie nie eine Fremdsprache erlernen können. Glauben Sie fest an Ihre Fähigkeiten, und Sie haben die Fähigkeiten. Glauben Sie, dass Sie viel zu kompliziert für eine Beziehung sind, und wiederholen Sie diesen Gedanken nur oft genug, dann sind Sie ein komplizierter Zeitgenosse, der anstrengend wirkt. Sie werden Recht behalten.

Glauben Sie, für Ihre Kunden der Beste zu sein, dann werden Sie es auch. Vielleicht glauben Sie, dass Ihnen die Arbeit an sich und Ihrem Erfolg Spaß macht, dann werden Sie sich mit wachsendem Vergnügen entwickeln. Dies beschreibt die Methode der Autosuggestion.

Egal woran ein Mensch glaubt, er behält immer Recht!
(Nikolaus B. Enkelmann)

Glauben Sie an Ihre Zukunft und malen Sie sich Ihren Zielzustand, so gut es eben geht, gedanklich aus. Dieses Bildermalen nennen wir visualisieren.

▶ Die Sache mit dem Eisberg

Visualisieren Sie Ihren großen Verkaufserfolg. Stellen Sie sich vor, Sie halten Ihren Kaufvertrag in Ihren Händen. Wie fühlt sich dieses Papier dann an?

Vielleicht möchten Sie Ihr Handelsunternehmen vergrößern? Stellen Sie sich nur oft genug ein Bild vor, das Sie im Sommer abends Ihr größeres Ladenlokal schließen und anschließend auf Ihrem eigenen Kundenparkplatz noch die Sommersonne glücklich genießen können. Fühlen Sie das? Sind Sie schon jetzt in der Lage, sich vorzustellen, wie Ihr liebster Mensch an Ihrer Seite Sie umarmen und herzen wird, weil Sie einen unglaublichen Erfolg erarbeitet haben? Je genauer Sie dies heute schon vordenken und vorfühlen können, umso selbstverständlicher wird Ihr Unbewusstes, Ihr Zukunftsorgan, Sie an Ihr Ziel führen!

Damit wir uns nicht missverstehen: Die Arbeit werden Sie schon investieren müssen. Aber es schafft sich leichter. Sie werden über sehr viel mehr Energien verfügen als alle die, die ihre Zukunft als Last empfinden.

Das Unbewusste schläft nie, es wacht über Sie und Ihren Weg.

Egal wohin Sie wollen, es wird Sie nach vorne in Richtung Zukunft bringen. In der Psychologie gibt es einen feststehenden Begriff für dieses Phänomen: die *selbsterfüllende Prophezeiung*. Das Unbewusste sorgt dafür, dass das eintritt, was Sie sich wünschen, selbst wenn es nicht gut für Sie wäre.

Ihr Wunsch ist sein Befehl!

Kennen Sie den Unterschied zwischen positiv und negativ Denkenden?

Es gibt keinen! Beide sind einseitig Irrende. Nur, der positiv Denkende lebt gesünder, hat mehr Spaß im Leben und deutlich mehr Freunde!

Checkliste

Das Wesentliche läuft unbewusst ab!

– Die Logik entscheidet im Verkauf nur zu 10 %!
– Das Vertrauen ist das wichtigste Gefühl!
– Gewinnen Sie das Vertrauen Ihrer Kunden!

Alles wird im Bauch entschieden, der Kopf denkt nur, dass er entscheiden könnte!

– Sich gut zu fühlen, kommt aus dem Bauch!
– Sich gut zu fühlen, kann man sich nicht denken, oder?

Sie haben ein Organ, welches Zukunft gestaltet!

– Ihr Unbewusstes ist eine Energiequelle!
– Füttern Sie Ihr Unbewusstes mit schönen Dingen!
– Alles, was Sie sich wünschen, passiert!
– Wünschen Sie sich daher nur gute und schöne Dinge!
– Ihr Glaube an sich selbst ist unerschütterlich!
– Aber: Alles, was Sie befürchten, wird durch die intensive Beschäftigung oder Vorstellung immer wahrscheinlicher, je länger Sie es befürchten und somit mit Energie versehen. Ihr Zukunftsorgan folgt Ihren Vorstellungen!

Machen Sie DIE Spiegelübung!

– Lächeln Sie Ihr Spiegelbild an!
– Halten Sie unbedingt durch – egal was die anderen dazu sagen!

▸ Die Erfolgsformel für Ungeduldige

Alles bisher Geschriebene können wir in einer kleinen mathematischen Formel sehr vereinfacht zusammenfassen.

$$\text{Erfolg} = \frac{\text{Wissen}}{2} \times \text{Verhalten}^2$$

Ihr Erfolg ist das Ergebnis aus Wissen geteilt durch zwei, multipliziert mit dem Verhalten zum Quadrat. Genial einfach – einfach genial.
Wissen Sie vielleicht alles über Ihre Gesprächspartner oder wissen Sie alles über Ihr Produkt oder Sie sind ein allwissender Verkäufer – was nutzt es Ihnen im Umgang mit anderen Menschen, wenn Ihr Verhalten schwächelt?

Bevor Ihr Gegenüber Sie überhaupt in seine geistige Nähe lässt, müssen Sie an seinem innerseelischen Aufpasser, dem Unbewussten, vorbeigelassen, besser noch »eingelassen« werden. In der Verkaufspsychologie gibt es ein sehr bekanntes Bild:

Fachidiot schlägt Kunden tot!

Hier ist nicht die Rede von: Nichts wissen macht nichts, sondern es geht um die Gewichtung.

Wissen ist Macht! – und so wird es auch bleiben. Aber Macht allein reicht nicht aus, um Menschen zu gewinnen! Um es mit der Formel zu sagen: Es ist nur die Hälfte wert, wenn es darum geht, erfolgreich mit Menschen umzugehen. Dann aber ist es mit der Quadrierung des Verhaltens umso wichtiger, sein Verhalten zu optimieren.

Es ist manchmal wirklich widersinnig: Vor wichtigen Messeauftritten investieren viele Unternehmen viel Zeit und Geld, die Mitarbeiter auf die

Produkte und Strategien hin zu schulen. Dann stehen da nachher auf dem Messestand so alles überstrahlende Giganten des Fachwissens, dass der normalsterbliche Kunde sich kaum noch traut, ihm auch nur eine ganz einfache Frage zu stellen.

Oft können Sie bei unsicheren Verkäuferpersönlichkeiten genau dieses Phänomen beobachten. Vielleicht fühlen diese sich klein und schmächtig, vielleicht sind es Jungverkäufer? Ihre persönlichen Unsicherheiten, wie: »Komme ich richtig an bei meinen Kunden?«, werden überspielt mit uneinholbarer fachlicher Überlegenheit.

Dass Sie und Ihre Kollegen in Ihren Themen immer über die neuesten Informationen, über die technischen Möglichkeiten, den Markt oder Detailwissen zur Verarbeitung haben, macht Sie rein wissenstechnisch immer überlegen. Gekonnte Kommunikation besteht darin, niemals seine Überlegenheit zeigen zu müssen.

Verhalten ist die Königsdisziplin! Sicher, der Kunde möchte Sach- und Fachkompetenz, aber dann bitte in einen Menschen gepackt. Denn sonst wären z. B. Messeauftritte sinnlos, weil Computerterminals diese Wissensvermittlung deutlich besser übernehmen könnten, oder?

▸ Das Dinosaurier-Gehirn

In diesem Kapitel möchten wir der Frage nachgehen, welches alltägliche Verhalten bei uns heutigen Menschen noch den Nachweis auf längst vergangene Welten, die der Dinosaurier, zulässt. Schauen wir uns nur einmal an, was z. B. Stress mit uns Menschen macht. Vielleicht entdecken Sie Spuren unserer Vorfahren?

In unserem Gehirn gibt es ein Areal, das entwicklungsgeschichtlich den ältesten Bestandteil bildet. Auf der untersten Ebene im Stammhirn entdecken wir sozusagen die Fußspuren der Dinosaurier in uns selbst. Dort sind lernunabhängige affektive Zustände, wie Wut, Furcht, sexuelle Anziehung und Paarung, reaktive Aggression bzw. Verteidigung, soziale Hierarchie, Revierverhalten, Flucht und Loyalität abgespeichert.

Diese Verhaltensweisen müssen nicht geübt bzw. konditioniert werden. Sie sind einfach da und stehen dem Individuum zum sofortigen Gebrauch zur Verfügung.
Nach neuesten Erkenntnissen ist der Mandelkern (Amygdala) unmittelbar in Stammhirnnähe der Spezialist in Sachen emotionaler Angelegenheiten. Er steuert die Emotionen und speichert auch emotionale Erinnerungen sozusagen ab. Von seiner Funktion hängt die Fähigkeit zu jeder Art von Emotion, wie Zuneigung, Furcht und Wut, ab.

Was macht Stress mit uns?

Die Frage müsste noch ein wenig anders lauten: Nicht nur was Stress *mit* uns macht, sondern vielmehr was Stress aus uns macht?
Unser ganzes Denken und bewusstes Handeln (10 %) läuft auf der Hirnrinde ab. Im Normalfall wird es auch so bleiben. Sobald nun Stress (negativer wie positiver Stress) subjektiv erlebt wird, *reißen* plötzlich, im Bild gesprochen, alle Verbindungen zur Hirnrinde ab, und es wird ein zur Situation passendes Verhaltensmuster unserer einstigen Vorfahren sofort zum Angriff oder zur Verteidigung »gezückt«.

Erst einmal in eine solche Verfassung gekommen, vermag es der Betroffene nicht mehr, sich kraft seiner Gedanken und seiner ihm sonst möglichen Differenzierung normal zu verhalten. Das Adrenalin und das Noradrenalin, zwei der wichtigsten Stresshormone, die den Körper zum Fliehen oder zum Kämpfen mobilisieren, sorgen zum einen dafür, dass jeder augenblickliche
Rückzug auf den Verstand, auf die Hirnrinde, nicht mehr möglich ist.

Andererseits sorgen beide Hormone für die so genannte emotionale Erinnerung durch den oben beschriebenen Mandelkern. Der Mandelkern versorgt uns mit primitivsten Emotionen; wir werden buchstäblich zum Tier, schlimmer noch, wir verlieren mehr oder minder die Kontrolle über uns. In solchen Zuständen ist nahezu jeder in der Lage, fast alles an Unsinn und Unmöglichkeiten zu tun. Schon an der Heftigkeit der Reaktionen können Sie die Urgewalten messen, die sich dann freisetzen.

Nochmals: Das schönste Beispiel kennen Sie alle: Sie sind frisch verliebt. Na, wo fühlen Sie diesen Zustand zuallererst? Im Kopf? Nein, der weiß gar

Das Dinosaurier-Gehirn

nicht, was da überhaupt vor sich geht. Sie spüren es sehr deutlich, buchstäblich körperlich, im Bauch – wo sonst?
Können Sie dann noch denken? Ihre Freunde ermahnen Sie, das eine zu beachten, das andere zu lassen. Können Sie denen noch gedanklich folgen? Oder wirklich gute Freunde und Ihre Eltern wollen von Ihnen wissen, was Sie denn an dem anderen so toll finden. Fällt Ihnen da wirklich kraft Ihrer Gedanken etwas dazu ein?

Schönen Gruß von Ihrem Mandelkern!

Ein schlimmes Beispiel ist zu beobachten, wenn es in einem Haus brennt. Einer jungen Mutter, die ihr Kind in dem brennenden Haus wähnt, können Sie nicht mit Diskussionen kommen. Ihr zu erklären, dass es viel zu gefährlich wäre, ist komplett sinnlos.
Was dann abläuft, ist ein Überlebensprogramm der letzten 500.000 Jahre. Sie wird durchs Feuer rennen, um ihr Kind zu retten. Erst draußen vor dem Haus, dann wieder angekommen und beruhigt, wird sie die Wucht Ihrer Verletzungen spüren, die sie sich zugezogen haben wird. Vorher nicht.

Eine andere Situation können Sie beobachten, wenn sich jemand heftig erschreckt. Sie gehen z. B. spazieren, und dicht hinter Ihnen ertönt plötzlich eine laute Hupe oder ein lauter Knall. Sie denken nicht, sondern reagieren sofort. Wenn Sie allein sind, dann springen Sie sofort auf die Seite (Fluchtreflex), und wenn Sie ein kleineres Kind bei sich haben, werden Sie dieses automatisch mit auf die Seite reißen.

Noch eine Situation können Sie sich vorstellen: Sie stehen mit Ihrem Auto an einer roten Ampel. Plötzlich reißt ein wütender Mann Ihre Fahrertür auf und brüllt Sie lauthals an. Hier nutzt Ihnen der Fluchtreflex nun nichts mehr, und was machen Sie? Sie sitzen im Auto, sind völlig fassungslos und können nicht ein Wort sagen. Ihr Hirn ist einfach leer!
Vielleicht schreien Sie ihn ebenfalls an. Das, was Sie ihm an den Kopf werfen, würden Sie im Ruhezustand niemals so formulieren, ganz sicher. Der Mann geht weg, die Ampel schaltet auf Grün, Sie fahren los, dann erst fallen Ihnen Argumente ein, die Sie hätten erwidern können. Auch kommt Ihnen jetzt erst der Gedanke, dass Sie diesen Mann vielleicht an der letzten Kreuzung übersehen haben und Sie ihn hätten fragen können, was denn passiert sei.

Der ultimative Selbstversuch

Ein nettes Experiment dürfen Sie auch einmal im Selbstversuch ausprobieren. Stellen Sie sich vor, Sie würden Ihrem Partner ankündigen, dass Sie am nächsten Wochenende »sturmfreie Bude« hätten und endlich einmal wieder einen ungestörten Abend verbringen wollen. Wenn Sie Eltern sind, so verlagern Sie eigens für diesen Tag den Aufenthaltsort Ihrer Kinder zu den Großeltern. Wie dem auch sei, an dem betreffenden Tag ist alles gut organisiert. Sie gehen sogar mit Ihrem Partner auf den Wochenmarkt, kaufen dort frisches Gemüse, beim besten Metzger am Ort zwei herrliche Steaks und beim Weinhändler eine tolle Flasche Wein. Nachmittags kochen und braten Sie gemeinsam. Und irgendwann ist der Tisch zum Candle-Light-Dinner gedeckt, der Rotwein nicht einfach geöffnet, sondern dekantiert, das Gemüse und die Kartoffeln sind im guten Porzellan dargeboten. Sie prosten sich zu, kosten vorsichtig vom Wein. Vielleicht hören Sie im Hintergrund noch die Tafelmusik von Georg Philipp Telemann.

Jetzt kommt es bei diesem Versuch auf das Timing an: Sie nehmen gemeinsam das Besteck zum Essen auf. Beide schneiden Sie das Fleisch und führen synchron die Gabel zum Mund. Und bevor Ihr Schatz den Bissen von der Gabel abnehmen kann, springen Sie plötzlich und unvermittelt auf, hechten über den Tisch, greifen die Gabel Ihres Gegenübers, reißen sie an sich und schnappen mit Ihrem Mund nach dem Fleischstück. Dabei halten Sie die Gabel demonstrativ fest, kauen genüsslich und schauen, was nun passiert.

Jetzt erleben Sie Dinosaurier pur. Erst recht Ihr Gegenüber, wenn es männlich ist, wird es zwischen zehn und 20 Sekunden brauchen, um seine Fassung wiederzuerlangen. In dieser Zeit ist es sicher ratsam, nichts zu sagen. Erklären Sie nichts. Und um Himmels willen sagen Sie bitte auch nach 20 Sekunden nicht, dass es sich dabei nur um ein Experiment gehandelt habe; schlimmer noch, verweisen Sie bitte nicht auf dieses Buch. Jeder Fehler, den Sie in den ersten Sekunden begehen, könnte Ihre

▸ Das Dinosaurier-Gehirn

Gesundheit ernsthaft bedrohen. Weingläser und andere Gegenstände könnten auf Sie niederprasseln.
Nach diesen 20 Sekunden wird er Sie vielleicht nur noch fragen, ob Sie nicht ganz dicht seien. Halten Sie diese Infragestellung im Dienste der Wissenschaft einfach aus. Vielleicht lächeln Sie vorsichtig Ihr Gegenüber an und erklären, dass Sie nur sicherstellen wollten, dass das Fleisch auch wirklich optimal gebraten sei. Wird sicher auch nicht der Brüller sein, aber mit ein wenig Charme bekommen Sie die Situation wieder in den Griff.

Auf der untersten Ebene des limbischen Systems, im Mandelkern, wird sich für Ihr Gegenüber eine Situation abgespielt haben, die damals, vor mehr als 60 Millionen Jahren, überlebenswichtig war. Nämlich sich niemals das Futter aus dem Mund abluchsen zu lassen. Wenn Sie Hundebesitzer sind, können Sie sicher ein Lied davon singen, wie bedrohlich die Situation werden kann, wenn Sie einem hungrigen Hund, der sonst so liebevoll ist, das Futter aus dem Maul ziehen. Oder besser noch: Können Sie mit einem Krokodil diskutieren?

Ähnlich verhält es sich bei uns Menschen, die wir immer noch verblüffende Raubtierähnlichkeiten zeigen. Und dieser Effekt wird umso größer sein, je mehr an Stress auf uns einwirkt.

Wozu eigentlich dieser Ausflug ins Tierreich?
Stellen Sie sich einmal vor, es gibt tatsächlich Menschen, die Ihnen Stress bereiten wollen, um Sie in eine verhandlungsschwache Position zu bringen.

Merke:

Je größer die Emotion (Wut, Trauer, Not, Stress), desto weniger Kopf steht Ihnen zur Verfügung!

Eine wahre Begebenheit

Nach mehr als zwei Jahren Akquisedauer ist es endlich so weit. Der Abschluss soll nun die langen und zähen Verhandlungen besiegeln. Eine neue Produktionsmaschine soll beauftragt werden. Der Verkäufer wird zur Vertragsunterzeichnung in die Firmenzentrale nach Frankfurt eingeladen. Verträge in solcher Dimension von mehr als 1 Mio. Euro werden direkt vom Vorstand des Unternehmens unterzeichnet.

Stellen Sie sich bitte vor: Unser Verkäufer soll um 10:00 Uhr vormittags erscheinen. Natürlich fährt er so los, dass er mindestens eine Stunde Luft miteinkalkuliert hat. Man weiß ja nie, was alles so unterwegs passieren kann. Nach zwei Jahren darf nun nichts mehr schiefgehen. Kurz vor neun ist unser Mann tatsächlich in Frankfurt. Er wartet geduldig im Auto, denn die Herren des Vorstandes sind mit einer solchen Aura ausgestattet, dass sich nicht nur jedes Zu-spät-Kommen, sondern auch jedes Zufrüh wie von selbst verbietet.

Fünf Minuten vor Termin ist unser Verkäufer bei der Vorstandssekretärin, wird sehr freundlich begrüßt und in ein atemberaubendes Besprechungszimmer geführt.
Stellen Sie sich weiter vor: Dieser Raum befindet sich in der 35. Etage eines Hochhauses. Zwei Wände dieses Raumes sind nur Glas, von der Decke bis zum Boden. Einfach überwältigend, der Blick über Frankfurt, die schlichte, aber feine Einrichtung dieses Raumes, die Freundlichkeit und Gewandtheit
der Sekretärin, der Kaffee und das Mineralwasser, alles ist perfekt.

Es ist bereits zwei Minuten nach 10:00 Uhr. Jeden Augenblick müsste es losgehen. Die Anspannung ist riesengroß. Jetzt nur noch die Unterschriften, dann ist alles vollbracht. Sitzt die Krawatte richtig? Sind die Unterlagen komplett. Schnell noch ein Blick in seine Aufzeichnungen. Wer war beim letzten Gespräch dabei? Kennt er die Namen der heute Beteiligten? Er versichert sich ein letztes Mal, alles wird gut!

Er sitzt und wartet. Schaut ab und an aus dem Fenster, und er wartet. Gleich ist es 10:15 Uhr, immer noch niemand zu hören oder zu sehen.

▶ Das Dinosaurier-Gehirn

Ist den Herren irgendetwas dazwischen gekommen? Gibt es womöglich intern noch Schwierigkeiten mit dem Angebot und Vertragswerk? 17 Minuten nach 10:00 Uhr. Die Zeit wird zur Geduldsprobe. Bei jedem anderen Termin hätte er schon längst das Sekretariat angesprochen. Hier nicht. Zu viel Respekt. Heute keinen Fehler machen!

Es tut sich immer noch nichts. Mittlerweile ist es 19 Minuten nach 10:00 Uhr. Da entdeckt er auf dem ovalen Tisch eine kleine Skulptur. Eine gläserne Pyramide mit Stahlkügelchen gefüllt. Sieht klasse aus, und dieses Teil lenkt ein wenig seine Unruhe und Ratlosigkeit ab. Er zieht dieses Gebilde an sich heran. Vielleicht noch schnell ein letzter Blick unter dieses Schmuckstück, dann wüsste er, welcher Designer hier am Werk war.

Er hebt das gute Stück an ... und plötzlich fällt ihm der Boden aus dem Kunstwerk heraus, und tausend Stahlkügelchen fallen ebenfalls ihm entgegen und verteilen sich durch den ganzen Raum. Sie ahnen es schon. Richtig. Genau jetzt geht die Türe auf, und es kommen die erwarteten drei Herren in den Raum ...

Wenn sich doch nur der Boden öffnen würde, unser armer Kerl könnte sich einfach verkriechen. Tausend Gedanken dachte er eben noch, jetzt ist alles leer. Zwei dieser Herren drehen sich um und verlassen unter Protest den Raum. Einer von beiden ruft nach der Sekretärin, die ihrerseits lauthals, fast hysterisch, bestätigt, was jedem klar ist: »Ja, eben war noch alles in bester Ordnung! Das wäre mir doch aufgefallen, wenn die Pyramide kaputt gewesen wäre.«

Die Dame steht kopfschüttelnd im Türrahmen, um in dieser Situation die Wunde noch ein Stückchen größer zu reißen. Der arme Verkäufer rutscht in seinem Stuhl nur noch tiefer. Es gibt keine Entschuldigung, es war nur Doofheit. Was kann er tun, um irgendwie die Situation noch zum Guten zu wenden?

Ihm fällt nichts ein. Zwar versucht er einige dieser Kugeln wieder einzusammeln, aber ändern kann er nichts mehr. Die Sekretärin entfernt sich mit dem Hinweis, dass sie nun den Reinigungsdienst verständigen werde.

Jetzt schlägt die Stunde des letzten Mannes: Er und unser Verkäufer sind nur noch im Raum. Der Verkäufer sitzt in der Falle. Es gibt kein Entrinnen.
Dieser Mann wird unseren Verkäufer sicher nicht trösten. Er wird ihm nicht erzählen wollen, dass er einem Spielchen auf den Leim gegangen ist. Zwar funktioniere es nicht immer, aber immer öfter. Nein, das wird er ihm nicht erzählen.

Stattdessen wird er sich irgendwie als Vermittler beider Seiten aufspielen. Zwischen den Herren des Vorstandes und ihm, dem Verkäufer, möchte er nur schauen, dass es doch noch zu einem konstruktiven Abschluss kommen kann.
Und so formuliert er: »Herr Verkäufer, Sie sehen selber, es ist eine sehr schwierige Situation entstanden. Herr Verkäufer, ich schlage vor, dass wir die Sache zügig zu Ende bringen. Ich denke, dann wird schnell wieder Gras über die Sache wachsen können, oder? ... Also, der Vertrag geht aus unserer Sicht so in Ordnung, allerdings: … Wir haben noch zwei kleinere Änderungen vollzogen. Ich denke, das geht in Ordnung. Das sollten wir heute nun wirklich nicht mehr diskutieren müssen, oder? Damit ist Ihnen in dieser doch sehr unangenehmen Situation sicher geholfen, und wir kommen zum Abschluss!«

So sichert unser Verkäufer die Anlieferung »frei Verwendungsstelle« und einen Skonto von 3 % zu.

Sehr wahrscheinlich hätte unser Verkäufer in entspannter normaler Situation ein solches Zugeständnis nicht ohne Weiteres machen wollen. Aber in dieser Stresssituation hatte er keine Chance. Dieses Malheur hat unseren Verkäufer ca. 50.000 Euro gekostet.

Vielleicht wenden Sie ein, dass so etwas doch kein seriöser Geschäftspartner mache. Sie haben bedingt Recht. Es gibt Menschen, die solche Verhandlungsführung ablehnen und niemals anwenden würden.

▶ Das Dinosaurier-Gehirn

Aber, es gibt sie tatsächlich. Es gibt Verhandlungspartner, es gibt Menschen, die mehr oder weniger gezielt bzw. bewusst solche Situationen inszenieren, um den jeweils anderen in eine schlechtere Position zu bringen. Das ist nicht fair, aber es ist aus ihrer Sicht hilfreich. Denn sobald es ihnen gelingt, den jeweils anderen unter Stress zu setzen, übernehmen sie die Führung des Augenblickes. Und dies wiederum kann der entscheidende sein.

Denken Sie sich doch nur einmal, dass es sein kann, dass Sie unter Stress geraten, *weil es jemand so will!*

In welche Situationen geraten Sie? Was macht Ihnen Stress? Wer macht Ihnen Stress? Und wer hat womöglich etwas davon, wenn Sie nicht mehr richtig nachdenken können?

Kennen Sie Kundengespräche, in denen Ihnen trotz großer Mühe der jeweils andere richtigen Stress bereitet?

Vielleicht sind Sie eine Frau? Und schon das kann ausreichen, dass man Ihnen mal so eben unterstellt, dass Sie sowieso in Sachen Technik und Verarbeitung keine Ahnung haben werden. Oder Sie sind jung? Vielleicht sogar in Kombination: jung und weiblich? Sie erleben Stress.
Und wenn Sie jetzt zugrunde legen, dass man zum eigenen Vorteil zielgerichtet Sie infrage stellt. Ist es dann – kann es dann – wirklich persönlich gemeint sein, *Sie* infrage zu stellen?

Für viele Menschen, also auch für einen Teil Ihrer Kunden, ist es einfach nur ein *Jagdsport*, Sie oder jeden anderen zu *kitzeln*, Sie herauszufordern und unter Stress zu setzen.

Egal was Sie in den nächsten Jahren auch immer trainieren wollen, Stress wird immer bleiben. Da gibt es einige Kunden, die sich einen Spaß daraus machen werden, Sie in eine ungünstige Position zu bringen. Aber stellen Sie sich einmal vor, Sie würden sich schon heute vornehmen, eben gerade dann, wenn der Stress einzusetzen beginnt, sich nicht mehr zu irgendwelchen Entscheidungen hinreißen zu lassen.

Denn ab heute wissen Sie, dass Stress die Hirnrinde außer Betrieb setzt.

Keine Entscheidungen unter Stress – niemals!

Und fangen Sie damit privat erst einmal an. Die Zeit des Trainings werden Sie brauchen. Immer wenn Sie bemerken, dass Sie jemand unter Stress setzt, dann denken und vielleicht sagen Sie: »Nein, jetzt nicht! – gleich vielleicht – jetzt aber nicht!«

Der Kunde nötigt Sie jetzt, ein Zugeständnis zu machen. Sie bemerken, dass er Sie unter Feuer nimmt: »Jetzt nicht!« Weichen Sie aus. Stellen Sie noch einmal eine Frage, weil Sie diese eine Sache noch beschäftigt. Aber nur nicht jetzt irgendein Zugeständnis! Nicht jetzt in der Situation, wo Sie bemerken, dass Ihnen der Kamm schwillt, Ihr Adrenalin Höchstwerte erreicht. Lassen Sie das.

Ob Sie es glauben oder nicht: Das Lassen-Können ist nicht nur die höchste Kunst, sondern macht Sie von ganz alleine souverän. Sie werden begeistert sein!

Achten Sie bitte auf sich!

Der Dino schläft nie

Unser Unbewusstes bzw. unser Unterbewusstsein ist in permanenter Bereitschaft, über uns selbst zu wachen. An 365 Tagen im Jahr, 24 Stunden am Tag, immer sorgt unser treuer Dino dafür, dass wir unsere Ziele erreichen.

Egal welche Ziele wir uns vornehmen, positive wie negative. Er hält Wache, er passt auf, dass uns nichts zustößt und niemand uns auf dem Weg zu unseren Zielen schaden bzw. abbringen kann. So weit, so gut.

In unserer täglichen Verkaufspraxis begegnen wir Menschen, reden mit ihnen, und immer sind die allzeit bereiten Dinos beteiligt.

So sagen Sie Ihrem Kunden etwas, und er reagiert unvermittelt merkwürdig: »Lieber Kunde, wie ich Ihnen schon vorhin sagte ...« oder: »Ich versuche Ihnen das mal zu erklären ...« Diese Formulierungen sind mit dem Kopf betrachtet nicht verwerflich.

In der Seminararbeit sind uns bei der Auswertung von aufgezeichneten Gesprächen mit unserer Videokamera Situationen aufgefallen, in denen erst bei genauerer Betrachtung auffiel, dass die *Kunden* mitunter sehr heftig auf solche Formulierungen reagierten.
Daraufhin haben wir im Seminar mit den Teilnehmern an der *Übersetzung* solcher Formulierungen gearbeitet. Selbstverständlich kommen hierbei nur subjektive Formulierungen heraus, aber was sollte uns auch sonst interessieren?

»Ich versuche Ihnen das mal zu erklären ...« ist kurz gesagt eine Für-blöd-Erklärung des Kunden. Schauen Sie genau auf diesen Satz, dann erkennen Sie, dass schon der Versuch das Versagen vorwegnimmt. Und was heißt hier *mal*? Der Verkäufer könnte auch so formuliert haben: »Schauen Sie, lieber Kunde, sehr wahrscheinlich hat es gar keinen Zweck, es Ihnen zu erklären. Sie werden es sowieso nicht verstehen. Aber was soll's? Probieren wir es halt.« Wer würde da als Kunde nicht negativ bzw. ablehnend reagieren?

»Lieber Kunde, wie ich Ihnen schon vorhin sagte ...« hat etwas von einem erhobenen und rechthaberischen Zeigefinger, oder? Stattdessen könnte unser Verkäufer sagen: »Na, hast du wieder nicht aufgepasst?«

Auch ein schönes Beispiel: »Bei Fragen wenden Sie sich bitte an uns ...« Welche Fragen sollte denn der Kunde haben? Und wenn ich schon als Verkäufer bemerke, dass sich in meinem Kunden Fragen formulieren, dann möchte ich jetzt und nicht erst später wissen, was den Kunden augenblicklich beschäftigt und möglicherweise am Abschließen hindert.

Denn meistens, und das erleben Sie viel zu oft, kommt der Kunde nicht wieder.

Vielleicht wird ein anderer Verkäufer im Kontrast zu Ihnen dem Kunden alle Fragen und Ihnen den Auftrag nehmen können?

Stellen Sie sich vor, Sie haben den Kunden ausführlich beraten. Dann ist die Beratung nur dann gut gewesen, wenn eben *keine* Fragen mehr zwischen Ihnen und Ihrem Kunden, zwischen Ihnen und dem Kaufabschluss stehen.

Stattdessen könnte unser Verkäufer ganz zuversichtlich sein: »Lieber Kunde, wir haben eine Menge besprochen. Sie möchten mit Ihrem Partner dieses Konzept besprechen, kann ich sehr gut verstehen. Ich gebe Ihnen meine Karte. Wenn Sie noch zusätzliche Informationen benötigen – rufen Sie mich an.« Besser noch: »… – Wann darf ich Sie anrufen?«

Der Verkäufer formuliert: »Wir werden uns bemühen …« »Na dann, prost Malzeit!«, wird der Kunde denken.

Für das kommende Wochenende sprechen Sie einen Freund an, der Ihnen beim Renovieren helfen soll. Der sagt Ihnen zu: »Ich bemühe mich, am Samstag da zu sein.« Was glauben Sie, wird er kommen? Verlassen Sie sich auf diesen Freund, oder sichern Sie sich bei anderen Bekannten vorsichtshalber noch einmal ab?

»Herr Verkäufer hat sich stets *bemüht*, die ihm übertragenen Aufgaben zu unserer Zufriedenheit zu erledigen.« Das ist Zeugnissprache und bedeutet nichts anderes als ein *Mangelhaft*.
Das Bemühen reicht doch nicht. Sie erwarten doch auch von Ihren Freunden, von Ihren Kollegen oder Mitarbeitern, dass sie sich nicht bemühen, sondern dass *sie es tun!* »Ich komme am Samstag um 09:00 Uhr!« Dieser Freund ist konkret und ihm müsste schon *der Himmel auf den Kopf* fallen, bevor er am Samstag nicht kommen würde.

Unser Kunde benötigt dringend Hilfe in einem Reklamationsfall. Da sucht er niemanden, der sich *nur bemüht*, sondern jemanden, der ihm hilft, seine Interessen wahrzunehmen – der es tut!

Also wenn Sie bemerken, dass in einem Gespräch der Kunde plötzlich genervt reagiert oder sich von Ihnen distanziert, dann haben Sie vielleicht mit seinem Dino Bekanntschaft gemacht.

Das Interessante an dieser permanenten Dino-Präsenz ist, dass sein Besitzer es eigentlich nicht mitbekommt oder es nicht selbst realisiert, *wer* ihm da gerade einen Warnhinweis ins Bewusstsein *faxt*.

Zeigen Sie dem Dino, dass Sie ihn mögen

Diese Ungetüme aus ferner Zeit sind im Gemüt eher schlicht. Sie fressen oder fressen nicht. Sie mögen Sie oder mögen Sie nicht. Dazwischen gibt es nahezu keinen Spielraum. Alles ist für sie *schwarz* oder *weiß*!

Ein Verkäufer formuliert: »*Ich* biete Ihnen …« oder: »*Ich* bin der Meinung, dass …« und er versichert: »*Ich* versichere Ihnen, dass …«
Der Dino des Kunden fragt sich, wer ist hier eigentlich wichtig, er oder ich? Der Kunde selbst fragt nicht nach. Was glauben Sie, wird dieser Dino finden? Wer ist hier wichtig?
Der Dino unseres Kunden hört nur: »Ich, ich, ich …«, von ihm, dem Kunden, ist mit keinem Wort die Rede. Der Verkäufer kann noch so kundenorientiert sein, der Kunde und sein *eingebautes* Dino hören es nicht! Entscheidend ist nicht, was der Verkäufer meint, sondern vielmehr, was beim Kunden ankommt, oder? Es ist die Aufgabe des Verkäufers, bzw. das ist unsere Aufgabe, nur solche Formulierungen zu verwenden, die den Kunden in den Mittelpunkt rücken, damit *sein Dino uns mag!*
Statt: »Ich biete Ihnen …« können wir doch sagen: »Sie erhalten …« oder: »Sie haben die Möglichkeit …«, statt: »Ich bin der Meinung …« können wir auch: »Sie werden feststellen, dass …« verwenden. »Sie, Herr Kunde, können sicher sein, dass …«
Der Dino Ihres Kunden wird sich ganz glücklich und zufrieden zurücklehnen. »Alles ist gut.« Ihr Kunde bemerkt bewusst noch nicht einmal den Unterschied zwischen beiden Varianten, zwischen Ich- oder Sie-Orientierung. Aber sein Unbewusstes wird grünes Licht geben. Bei Ihnen ist man sicher. Sie gehen gut mit einem um.

Sympathie ist kein Zufall, sondern das Ergebnis harter Arbeit an sich und seinem Auftreten.

Checkliste

Unter Stress sind wir unberechenbar!

- Stress schaltet Hirnrinde ab!
- Lassen Sie sich nicht unter Stress bringen!
- Und wenn doch, dann keine Entscheidungen unter Stress!

Alles, was Sie sagen, kann für Sie verwendet werden!

- Der Dinosaurier Ihrer Kunden passt auf!
- Füttern Sie ihn liebevoll!
- Streicheln Sie ihn: »Du bist wichtig!«
- »Ich habe das Gefühl, da beschäftigt Sie noch etwas! ...
- ... Was beschäftigt Sie?«

Formulieren Sie einmal folgende Botschaft um:

- »Ich glaube, das wird Ihnen gefallen!«
- »Ich empfehle Ihnen die nächste Inspektion in vier Wochen!«
- »Ich bin mir meiner Sache wirklich sicher!«
- »Ich weiß, was für Sie gut ist!«

Wandeln Sie die geschlossenen in offene Fragen um:

- »Möchten Sie eine Beratung?«
- »Einen Kaffee?«
- »Haben Sie schon Erfahrungen mit Massivholzmöbeln gemacht?«
- »Sollen wir noch einen Termin machen?«

▸ Der Erfolg beginnt in dir

>»Wer eine Schlacht gewinnen will,
muss denken, dass er ein Sieger ist!
>
>Man kann auch eine Schlacht verlieren,
obwohl man noch dachte, ein Gewinner zu sein! ...
>
>Aber nie und nimmer kannst du einen Kampf gewinnen, wenn du von Anfang an glaubst, zu den Verlierern zu gehören!«

(Roman Polanski)

Dieses großartige Zitat erklärt sehr gut, worum es in der eigenen Erfolgsplanung geht. Nämlich, niemals ohne den Glauben an sich selbst!

Natürlich starten alle Verkäufer mit der Idee, erfolgreich werden zu wollen. Einige starten mit der Gewissheit, tatsächlich alles an Schwierigkeiten und Infragestellungen meistern zu können. Viele von ihnen behalten Recht und setzen sich durch. Manche von ihnen aber nicht. Vielleicht wurden handwerkliche Fehler gemacht? Vielleicht eine unerwartete Krise? Kann sein.

Eine positive Grundeinstellung schützt noch lange nicht vor Misserfolgen – **aber** eine ängstlich besorgte Grundstimmung führt sicher in den Verlust!

Wer glaubt, von Anfang an keine Chance zu haben, hat bereits verloren. Vielleicht weiß er oder sie es nur noch nicht?

Vieles wird um Sie herum geschehen. Aber lassen Sie es niemals zu, dass man Sie entmutigen kann! Achten Sie auf sich!

▸ Mit der inneren Einstellung fängt alles an

Was sehen Sie, wenn Sie die nachfolgende Grafik einmal in Ruhe auf sich wirken lassen?

Was für ein Mensch begegnet Ihnen?
Den meisten Betrachtern fällt dazu ein:
– ein lustiger Mensch,
– ein kindlicher Mensch,
– ein Matrose,
– ein naiv Dreinschauender,
– vielleicht ein netter Bischof,
– Fröhlichkeit,
– Freundlichkeit,
– ein lächelnder Mensch,
– Ihr Verkaufsleiter nach dem 10. Abschluss

Was sehen Sie nun, wenn Sie die zweite Grafik auf sich wirken lassen?

Was für ein Mensch begegnet Ihnen jetzt?
Den meisten Betrachtern fällt dazu ein:
– ein grantiger Mensch,
– ein Nörgler,
– schaut aus wie mein Chef,
– jemand mit schlechter Laune,
– vielleicht der gleiche Bischof
  nach der zehnten Beerdigung,
– ein Miesepeter …

› Mit der inneren Einstellung fängt alles an

Lassen Sie ruhig beide Grafiken noch eine Weile auf sich wirken.

Was glauben Sie, macht den Unterschied zwischen beiden Zeichnungen aus? Die Lösung ist nur auf den ersten Blick simpel.

Auf den ersten Blick unterscheiden sich die Bilder nicht! Den einzigen Unterschied erkennen Sie im Betrachtungswinkel.

Drehen Sie die Grafik um 180°, und schon haben Sie spontan die Lösung.

Aber dass die beiden Bilder nur zu drehen sind, ist eben nur das, was nahezu jeder auf den ersten Blick erkennen würde.

Was können Sie hier für sich erkennen? Vielleicht dies? Es liegt nicht an irgendwelchen Umständen, dass Sie dieses Bild mal so, mal so sehen!
Sie entscheiden, was Sie sehen wollen: Es kommt auf Ihren Standpunkt an! Zugegeben, das ist eine recht einfache Metapher, aber sie soll deutlich machen, worum es auch in Ihrem Verkäufer-Leben gehen wird, wenn Sie erfolgreich Menschen für sich gewinnen möchten.

Wenn wir freundliche Menschen treffen, dann sind wir auch freundlich. Wir sind offen und aufmerksam. Es macht uns Freude, mit solchen Menschen im Kontakt zu sein. Wir unterstellen, dass dieses Gespräch gut verlaufen wird, schon weil unser Gegenüber so freundlich ist. Wir fühlen uns angenommen und haben einen solchen Umgang nach eigenem Empfinden *wahrhaft* verdient.

Treffen wir nun aber auf den eher finster dreinschauenden Menschen, so läuft das eben beschriebene Prinzip genau umgekehrt ab. Wir nehmen sehr schnell diese Stimmung auf und wirken auch schneller unfreundlich. Wir unterstellen, dass dieses Gespräch sowieso nichts werden kann, und wir fühlen uns missachtet und *unverdient* unverstanden.

Und dieser Vorgang von Einschätzung und (Gegen-)Reaktion läuft innerhalb von Bruchteilen einer einzigen Sekunde ab. Dabei kommt es, dieser Metapher zufolge, eigentlich nur auf Ihren Standpunkt entscheidend an.

Vielleicht werden Sie jetzt einwenden, dass dieses Bild nicht die Realität widerspiegelt. Denn es gibt und es wird immer Menschen geben, die Sie mit noch so viel Freundlichkeit oder Versuchen des Standortwechsels nicht *gedreht* bekommen. Was Sie auch tun, die poltern auf Sie ein.

Um wen es hier aber gehen soll, und dies ist die Grundrichtung des ganzen Buches, sind Sie, **Sie allein**. Was macht denn ein unfreundlicher Mensch mit Ihnen? Oder durch welche Umstände ist es dem unfreundlichen Menschen erst möglich, dass er seine Stimmung ungefragt auf Sie überträgt? Kann es sein, dass er ohne Ihre innerseelische Zustimmung nichts ausrichten könnte? Erst dann, wenn Sie »Ja, ich habe es verdient!« denken oder fühlen, dann erst kann er Sie beeinflussen, oder?

▶ Mit der inneren Einstellung fängt alles an

Erinnern Sie sich noch? Im letzten Kapitel sagten wir, dass Ihr Unbewusstes auch von der Außenwelt, in diesem Fall von dem unfreundlich Dreinschauenden, beeinflusst wird. Und irgendwann kommen Sie an den Punkt, festzustellen, dass plötzlich seine Stimmung bei Ihnen Realität in der Seele wird. Wollen Sie das? Ist das in Ihrem Sinne?

Eine andere, genauso interessante Frage ist die, ob überhaupt Ihr Gegenüber Ihnen die Stimmung übertragen will oder wollte? Sind oder waren Sie wirklich gemeint?

Stellen Sie sich einmal vor, obwohl man Sie *anmacht*, Sie wären nur eine Person, die stellvertretend für andere die *Botschaft* in Empfang zu nehmen hätte, mehr nicht!?

Noch einmal: Es ist keine Kunst, mit freundlichen Menschen freundlich umzugehen. Dies kann so ziemlich jeder.
Da kommt ein freundlicher Kunde in die Service-Annahme eines Autohauses. Zwei Tage nach der letzten großen Inspektion an seinem Wagen flog dem Kunden auf der Autobahn ein großes Stück seiner unteren Verkleidung vom Motorraum bei Tempo 160 davon. Abgesehen davon, dass dieses Missgeschick auch nicht nach einem Monat hätte passieren dürfen, ist unser Kunde ein lieber Kerl. Er ist so lieb, dass er sich beinahe entschuldigt, für die Umstände, die er dem Kfz-Meister mit seiner Reklamation bereitet. Er ist wirklich ein unglaublicher Menschenfreund. Ist es für den Mechaniker jetzt eine unlösbare Aufgabe, freundlich zu bleiben? Müsste dieser Serviceman nun dringend seinen Kunden mitten im Gespräch verlassen, so könnten Sie als Firmenchef getrost diesen Kunden von einer ungelernten Aushilfskraft weiterbetreuen lassen. Der Kunde ist so unglaublich lieb.

Ab wann beginnt wirkliche Professionalität?

Und dies ist der Schlüssel zur erfolgreichen Menschenführung: Sie sind in der Lage, freundlich zu bleiben, selbst wenn der andere unfreundlich ist oder wird. Bleiben Sie höflich, auch wenn Sie als Mechaniker am Vortag gar nicht in der oben beschriebenen Werkstatt am besagten Fahrzeug arbeiteten. Ihr Gesprächspartner darf sich Ihres Verständnisses sicher sein, selbst wenn er Ihre (oder nur die Kompetenz Ihrer ganzen Werkstattmannschaft) infrage stellt.

> Mit der inneren Einstellung fängt alles an

Was, glauben Sie, könnte passieren, wenn Sie es mehr und mehr trainierten, einmal gerade den unfreundlichen Zeitgenossen mit Freundlichkeit zu begegnen?

Bitte stellen Sie sich einmal vor, was es auf Dauer mit *Ihnen* machen und wie es Sie verändern würde?

Keine Frage, der Erfolg stellt sich nicht spontan beim ersten Versuch ein, aber: Wer würden Sie bereits nach einem halben Jahr sein? Machen Sie doch nicht das, was sowieso jeder tun würde.
Jeder, fast jeder, und Sie beobachten es doch auch, würde dem Miesemann in unserer kleinen Grafik seine Ablehnung zeigen. Aber wozu wollen Sie das tun? Meinen Sie, Sie hätten je eine Chance, den anderen von seinem Fehlverhalten zu überzeugen, ihn zu erziehen, gerade dann, wenn er sich subjektiv im Stress befindet und möglicherweise irrt?

Hand aufs Herz: Das glauben Sie doch auch nicht!

Was ist in dieser Situation für Sie zu gewinnen? *Eigentlich* ganz einfach. Sie gewinnen Souveränität, haben Freude und bleiben von den unguten Stimmungen nahezu unbeeinflusst.

Mit jedem kleinen Erfolg bei diesem grimmigeren Menschenschlag wachsen Sie ein Stückchen weiter. Entdecken Sie in einer solchen Situation Ihre unvertauschbare Würde, die Ihnen keiner streitig machen kann.

Und uneigentlich? Es liegt ein etwas beschwerlicherer Weg vor Ihnen. Sie tun etwas, was sonst kaum jemand tut. Ihr ungewohntes Tun wird Sie verunsichern, und Sie isolieren sich ein wenig. Was dann allmählich passieren wird, ist dies, dass tatsächlich der ein oder andere seine Stimmung der Ihren anpasst. Und das verschafft Anerkennung und Freunde.

Folgende Situation denken Sie sich bitte noch einmal: Abends gegen 18:00 Uhr betritt ein finster dreinschauender Mann Ihr Geschäft. Sie stehen sozusagen bereit. Sie schauen ihn nach acht Stunden Tagesgeschäft freundlich an.

▶ Mit der inneren Einstellung fängt alles an

Sie laden ihn mit Ihrem Blick ein, sich auf Sie einzulassen. Sie helfen wirklich gerne. Und was passiert? Nichts. Ohne Sie auch nur eines Blickes zu würdigen, marschiert Ihr Kunde an Ihnen vorbei in die Ausstellung.

»Nun gut«, denken Sie, »das ist nichts Ungewöhnliches.« Andere Kunden kommen und gehen an Ihnen vorbei. Irgendwann aber steht plötzlich besagter Kunde vor Ihnen und pfeift Sie zusammen: »Ist in Ihrem Hause auch einer für den Verkauf zuständig?« Bevor Sie noch reagieren können, poltert er weiter: »Nie ist jemand da, wenn man ihn braucht. Von wegen, König Kunde!«
Sobald Sie diese Situation bzw. diesen Angriff auf sich beziehen würden, säßen Sie in der Falle. Und wenn Sie nur denken wollten, wie unmöglich sein Benehmen sei, Sie hätten längst verloren.

Stellen Sie sich doch bitte vor, dass er Sie unmöglich meinen kann! Er kennt Sie nicht; und selbst wenn er vorgäbe, Sie zu kennen, was schon würde er über Sie in Ihrer ganzen Fülle wissen?
Vielleicht ist dieser Kunde einfach nur genervt. Nicht von Ihnen. Wie denn auch? Aber vielleicht war sein Tag einfach nur *bescheiden*? Die eigene Frau nervt, vielleicht spielt die Freundin verrückt, sein Chef ist mit seiner Leistung nicht zufrieden, der Nachbar kündigt ihm die Freundschaft, was auch immer. Vielleicht mag er keine Brillenträger? Und womöglich sind Ihre Haare zu kurz oder zu lang? Weiß der Himmel, an wen Sie ihn in diesem Augenblick erinnern.

Eines aber ist sicher: Er wird Sie gleich kennen lernen! Und wenn Sie auf sich aufpassen, dann sogar von der richtigen *freundlichsten* Seite.

Zeigen Sie, dass Sie im Gegensatz zu den üblichen Verkäufern mit dieser Situation gekonnt umgehen können. Sehen Sie einfach in Ihrem Gegenüber *nur* einen Mann, der wohl noch nicht ganz im Gespräch ist und den Sie zu überzeugen haben. Vielleicht gefällt ihm auch nicht, dass Sie zu alt oder zu jung sind? Na und? Er ist in Ihr Geschäft gekommen! Er würde sich nicht mit Ihnen länger unterhalten, wenn Sie nichts Interessantes zu bieten hätten. Sie sind möglicherweise kraft Ihrer Einstellung und Ihres Auftretens deutlich besser als alle die, die nichts anderes sehen, als das, was auch alle anderen sehen können: einen genervten Mann. Sie sehen einen Mann vor sich, der wohl eine Menge zu ertragen hat.

▶ Mit der inneren Einstellung fängt alles an

Und obwohl er so viel um die Ohren hat, gibt er Ihnen eine Chance zum Erfolg. Sie sitzen oder stehen diesem Mann gegenüber und sind freundlich, aufmerksam und in sich ruhend. Ihrem Gesicht ist ein ganz leichtes Lächeln zu entnehmen – wie wunderbar. Und dann wird Ihnen dieser Mann buchstäblich um den Hals fallen, garantiert. Weil Sie anders sind als alle anderen. Weil man Ihnen nicht am Gesicht die übliche Betroffenheit und negative Bewertung dieser Situation entnehmen kann. Denn Ihr Gegenüber hat ein Recht, so zu sein, wie er ist! Er darf genervt sein, er darf angespannt sein, und er darf Sie vielleicht ein wenig provozieren.

Vielleicht möchte er nur wissen, ob er endlich bei der richtigen Person gelandet ist? Einem Menschen vielleicht, der mehr sieht, als nur auf den ersten Blick (Kopf 10 %) zu sehen ist?
Zu dem Wendemännlein gibt es eine passende kleine Geschichte:

Die Geschichte mit dem Spiegelsaal

Diese Geschichte ist mehr als 2500 Jahre alt. Sie ist weise und schön. Bitte überzeugen Sie sich selbst:

Der Saal der tausend Spiegel

Irgendwo in einem Tempel gab es einen Saal der tausend Spiegel. Es begab sich, dass sich eines Tages ein Hund in diesem Tempel verirrte und in diesen Saal gelangte. Plötzlich, konfrontiert mit tausend Spiegelbildern,

▸ Mit der inneren Einstellung fängt alles an

knurrte und bellte er seine vermeintlichen Gegner an. Diese zeigten ihm ebenso tausendfach die Zähne und bellten zurück. Worauf er noch tollwütiger reagierte. Das führte schließlich zu einer solchen Überanstrengung, dass er in seiner Aufregung daran starb. Einige Zeit verging, und irgendwann kam ein anderer Hund in den gleichen Saal der tausend Spiegel. Auch dieser Hund sah sich tausendfach umgeben von seinesgleichen. Da wedelte er freudig mit seinem Schwanz, und tausend Hunde wedelten ihm entgegen und freuten sich mit ihm. Freudig und ermutigt verließ er den Tempel.

Flüchtig betrachtet bietet diese kleine Geschichte nichts Außergewöhnliches. Vielleicht eine Kindergeschichte zur Nacht? Betrachten wir diese aber im Zusammenhang des bisher Erarbeiteten, dann bemerken wir sehr schnell: Die Geschichte hat etwas zu sagen, was wir schon einmal gehört haben, aber nicht so richtig glauben können.

Wir Menschen seien, so können wir die Geschichte lesen, mit unserer Fähigkeit, unsere Situationen zu denken, selbst Gestalter unserer Welt.
Ungeheuerlich, oder? Nicht die anderen sind am Drücker – wir selber sind es!

Wir beeinflussen unser Leben mit unserer Art zu denken.

Stimmt das wirklich? Es gibt Menschen, die mögen uns nicht. Die denken wir uns weder freundlich noch schön. Auch machen wir die Erfahrung, dass wir Höchstleistungen vollbringen können, wenn wir von freundlichen Menschen umgeben sind, die uns mögen. Andere beeinflussen eher uns als umgekehrt. Alles Logische gibt uns Recht. Auch psychologisch ist es sehr gut nachzuvollziehen, dass uns die Unfreundlichen herunterziehen und dass uns die Netten zu immer mehr Leistung motivieren können.

Es gibt Menschen, die selbst durch noch so nette Mitmenschen nicht aufgebaut, betreut und motiviert werden können. Es nutzt irgendwie alles nichts. Diese Zeitgenossen scheinen nicht erreichbar zu sein. Sie hören und sehen nicht, was an Zuwendung auf sie einströmt. Das, was sich eigentlich jeder am meisten wünscht, können sie irgendwie nicht mehr wollen. Die schönsten Worte hören sie nicht, wortwörtlich.

Wichtig: Aus der Geschichte mit dem Spiegelsaal ist die Lebenserfahrung zu entnehmen, dass die Außenwelt der Innenwelt (dem Seelenleben) sozusagen folgt. Als lebensfroher Mensch werden Sie über kurz oder lang die Lebensfrohen um sich versammeln. Die anderen halten Ihren Frohsinn nicht aus.
Und laufe ich als Menschenfeind durch die Welt, dann verjage ich die Menschen, die mich vielleicht noch vom Gegenteil hätten überzeugen können. Und alles bleibt so, wie es ist.

Will jemand sein Leben und seine Umgebung ändern, so die Geschichte, dann muss er bei sich beginnen, sie zu ändern. Nicht auf die anderen zu warten, dass diese dann die Umstände meinen Wünschen anpassen, sondern vielmehr selbst aktiv zu werden. Nicht warten, handeln! Denn worauf warten wir, worauf warten Sie?

Verbreiten Sie Freude, und Sie werden Freunde gewinnen. Nicht immer, aber immer öfter. Die anderen, die nicht mitgehen wollen, isolieren sich von ganz allein.

Und wenn Sie nun entdecken, dass Sie von deutlich mehr unfreundlichen Menschen umgeben sind als andere? Was dann?

Vielleicht, so die kleine Geschichte, sind Sie selbst Auslöser dieser Situation? Dann ist es sicher kein leichter Weg, Veränderungen in Ihr Leben zu bringen. Aber es wäre ein wichtiger Weg, den Sie unbedingt zu gehen haben. Vielleicht schaffen Sie es mit den Menschen an Ihrer Seite, denen, denen Sie vertrauen können? Vielleicht gelingt es Ihnen, zu erkennen, wo Sie in welcher Situation, ähnlich dem knurrenden Hund in der Geschichte, immer wieder abschreckend statt anziehend wirken.

Wenn Sie es schaffen, Ihr Spiegelbild zu verändern, verändern Sie alles um sich herum – so die Geschichte vom Spiegelsaal.

Wir hörten von FREUD und JUNG, den Begründern der psychoanalytischen Arbeit mit Menschen. Die Ansätze im Verstehen der Patienten sind sicher verschieden. Aber die Methode in der Arbeit mit den Patienten ist nahezu gleich. Nämlich, in der psychoanalytischen Arbeit werden genau die Dinge, Umstände und Erlebnisse betrachtet, die sich ständig zu wiederholen scheinen.

> Mit der inneren Einstellung fängt alles an

Es gibt Menschen, die verlieben sich immer in die gleichen Typen und scheitern womöglich immer an den gleichen Beziehungsfragen. Es gibt Menschen, die immer, wenn es darauf ankommt, etwas auf den Punkt zu bringen, wie beispielsweise in der Abschlussphase eines Verkaufsgespräches, kläglich versagen, obwohl sie eigentlich alles wissen, was wichtig und richtig gewesen wäre.
Die Wiederholungen sind in der analytischen Arbeit genau die Wegweiser, die man benötigt, um an das Unbewusste und an die erlebten Eindrücke in der Seele zu gelangen, die das Verhalten wesentlich (nicht bewusst!) beeinflussen.

Vielleicht, so will uns diese kleine Geschichte empfehlen, ist das, was wir in der äußeren Welt erleben, nichts weiter als ein Blick in die verborgenen inneren *Kraterlandschaften* unserer eigenen Seele?

Kurzum: Ich kann meine *knurrenden* Kunden nicht ändern, aber ich kann mich und mein Erleben durch mich verändern. Und dann kann es sein, dass es immer mehr lächelnde Kunden gibt!

Und denken Sie an Ihr Vier-Wochen-Training mit dem Spiegelbild!

▸ Was bedeutet Geld?

Jetzt! – werden Sie denken, jetzt kommt er endlich zur Sache. Denn schließlich erleben Sie es ja so, dass viele Kunden ohne große Umwege sofort auf das Geld zu sprechen kommen. Auch in Seminaren erlebe ich es häufig, dass Teilnehmer zu bedenken geben, dass die Psychologie im Verkaufen schön und gut sei, aber in der Realität nicht viel nütze, wenn der Kunde ruck, zuck den Preis wissen und Rabatte verhandeln will.

Auf diesen berechtigten Einwand werden wir später noch sehr ausführlich eingehen.

Lassen Sie uns einen Augenblick betrachten, was wir mit Hilfe unseres Eisberges zum Thema *Geld* entdecken können. Denn nur dann verspricht dieses Eisbergmodell praktischen Nutzen.

Fragen wir das logische Denken, was Geld bedeutet, dann hören wir, dass Geld nur ein Zahlungsmittel sei. Sie können mit Geld nahezu alles kaufen bzw. tauschen. Geld ist der Gegenwert von Ware und/oder Dienstleistung.

Welche Gefühle macht aber Geld, wenn wir es haben oder nicht haben? Was würde der Bauch antworten, wenn es um die Bedeutung von Geld ginge? … Der Bauch gäbe uns zur Auskunft, dass Geld ein sicheres Gefühl mache, Geld verleiht demjenigen, der es hat, Macht, Einfluss, Anerkennung, und Geld macht beliebt! Denken Sie sich nur einmal, wie viel Freunde Sie plötzlich nach einem Hauptgewinn im Lotto hätten.

Für uns im Verkauf ist es ungeheuer wichtig, diese Bauchaspekte des Geldes zu beachten. Wenn Sie nun die Gewichtung des Eisberges, 10 % Kopf und 90 % Bauch, auf die Bedeutung des Geldes übertragen, dann erkennen Sie, wie wichtig beim Geldausgeben das gute Gefühl ist.

Jedes Geschäft, welches ein Gegengewicht zum subjektiv empfundenen Verlust von Macht, Einfluss, Anerkennung und Beliebtheit schafft, ist ein gutes Geschäft!

▸ Was bedeutet Geld?

Ich, als Kunde, gebe von meiner Möglichkeit, Macht auszuüben, ab, indem ich Geld abgebe. Optimal wäre es für mich, wenn das Produkt, das ich kaufe, mir diesen Verlust wieder ausgleichen kann.

Vielleicht ist das mit der Macht auf den ersten Blick nicht zu erkennen. Wie kann ich als Verkäufer Macht zurückgeben oder ausgleichen?

Denken Sie sich einmal die Situation, dass der Kunde mit Ihnen verhandelt und *fühlen* möchte, *dass er die Macht hat,* zu kaufen oder zu gehen. Er hat aber nicht nur die Macht sowieso, sondern Sie verstärken sein Gefühl: »Herr Kunde, Sie haben Recht. Diese Entscheidung ist eine wichtige Entscheidung für Ihre Familie (oder: ... den Erfolg Ihres Unternehmens). Da ist es ganz wichtig, dass Sie sich bei Ihrer Entscheidung wohl fühlen ...« Oder: »Sie entscheiden, was gut und richtig für Sie ist!«

Im Geiste höre ich mögliche Einwände wie: »Das weiß der Kunde auch ohne meinen Kommentar, dass er alleine am Drücker ist!« Mit solchem Einwand haben Sie Recht, Ihr Kunde weiß es. Aber es ist gut für Ihren Kunden, dass er mitbekommen darf, dass wir, dass *Sie* es auch wissen!

Macht können Sie transportieren, indem Sie besonders nett und höflich sind. »*Darf* ich Ihnen ein Glas Wasser oder einen Espresso anbieten?« Oder: »*Sind Sie einverstanden,* Herr Kunde, dass wir uns die Möbel erst noch einmal anschauen?«

Weniger *machtvoll* für den Kunden wäre die Formulierung: »*Ich* schlage vor, ich zeige Ihnen das Schlafzimmer.« Hier gibt es nichts für den Kunden zu entscheiden. Sie sind bei der letzteren Formulierung das Maß aller Dinge. Das Wasser oder den Kaffee können Sie auch anbieten mit »Kann ich Ihnen ...«, aber bedenken Sie nochmals, dass der Bauch zu 90 % *gefüttert* werden möchte. Ob Sie nun den Kaffee bringen *können* oder *dürfen,* ist eben eine Frage der Psychologie! Der Dino schläft nie!

Anerkennung ist in Geldfragen mit das Wichtigste, was unsere Kunden suchen. Wenn unsere Kunden in unsere Häuser kommen, dann meist immer, um richtig viel Geld ausgeben zu können.

Dafür möchten Sie anerkannt werden! Viele Ihrer Kunden kaufen bei Ihnen mit dem Bewusstsein ein, dass Sie viel Geld ausgeben werden. Dafür wollen Sie *gelobt* werden. Sie erwarten Respekt und möchten den Einkauf wie Könige genießen. Sie kennen sicher auch diesen Spruch:

> *Wer das Geld hat, bestimmt, welche Musik gespielt wird.*

Vielleicht erkennen Sie diese sich ergebenden psychologischen Notwendigkeiten zum richtigen Umgang mit dem Kunden, wenn Sie sich noch einmal die Tresen in den Eingangsbereichen Ihrer Abteilung vorstellen.

Der Kunde, der nach Macht und Anerkennung sucht, wird er dort wirklich richtig bedient? Unser Kopf antwortet, dass diese Arbeitsplätze voller Technik sein müssen, und sie sind für Ihre Arbeit dringend notwendig. Auch ist es nachvollziehbar, dass Sie sich ab und an einmal hinter diesen Tresen zurückziehen müssen. Aber psychologisch halten diese *Festungen* die Kunden auf Distanz und vermitteln ein ungutes Gefühl!

Ein Kunde, der fragt: »Und was ist, wenn ich in bar zahle?«, der fragt offensichtlich nach Rabatt. Das sind nur 10 % unseres Eisberges! Denken Sie sich einmal, er wollte vielleicht auch zu 90 % wissen, *wer er für Sie ist,* weil *er* so viel Bargeld *hat*?

Loben Sie doch einmal solche Kunden, bevor Sie viel zu schnell über mögliche Rabatte sprechen. »Herr Kunde, da haben Sie Recht. Nur Bares ist Wahres. Das haben wir immer seltener. Barzahlung ist immer die beste Bezahlung …« Sachlich stimmt das nicht so ganz, schon weil die Zahlung per EC-Karte das gleiche Geld transferiert. Im Gegenteil, es ist sehr viel sicherer und bequemer für Ihr Haus. Aber das will der Kunde doch nicht hören, oder?

Ein Kunde gibt sich bei der Auswahl der Produkte, die er kaufen möchte, viel Mühe. Den können Sie doch loben. Ein anderer kauft sehr spontan. Auch den können Sie loben. Den Ersten: »Sie geben sich sehr viel Mühe. Das finde ich klasse. Das wird sicher nachher sehr schön aussehen!«

Den Spontankäufer: »Sie sind ein Mann der schnellen Entscheidungen. Das ist sehr beeindruckend!« Beide Angesprochenen werden sich freuen – mal mehr, mal weniger offensichtlich. Na und? Aber solche Anerkennungen gehen immer direkt in den Bauch (90 %), und da gehören sie hin!

Stellen Sie sich vor, Sie würden auch einmal den Rabattjäger loben: »Sie wissen sehr klar, was Sie möchten. Das imponiert mir.« Oder: »Sie haben eine sehr gute Marktübersicht. Finde ich klasse.« Oder noch anders: »Mit Ihnen zu verhandeln ist eine tolle Herausforderung. Lassen wir doch gemeinsam schauen, wo wir landen können.«

Bitte seien Sie nicht naiv. Natürlich wird Ihnen gerade bei den letzten Beispielen kein Kunde um den Hals fallen. Das gehört nicht zur Rolle Ihres hart verhandelnden Kunden. Aber Ihr Lob geht dennoch ungehindert sozusagen *intravenös* in den Bauch. Das sind 90 % Ihres Verkaufserfolges!

> *Wenn nicht in dieser Sache, wann denn sonst wollen Sie die Erkenntnisse aus dem fast einhundertjährigen Eisberg für sich nutzbar machen?*

Ein Geschäft ohne Ausgleich von Macht, Anerkennung und Beliebtheit ist immer ein schlechtes Geschäft und wirkt selbst im Nachhinein als *überteuert*.

Je besser Sie den Bauch Ihres Kunden bedienen, desto unwichtiger wird der Preis!

Ein letzter Gedanke: Vielleicht haben Sie auch einmal die Erfahrung gemacht, dass Sie mit einem unschlagbar günstigen Angebot dennoch als Kunde nicht zufrieden waren. Vielleicht lag es an einem unangenehmen Verkaufsgespräch, vielleicht an einem *Fachidioten*, der Sie für blöd hielt, vielleicht an dem Meckern (fehlende Anerkennung) Ihrer Kollegen?

▸ Was bedeutet für den Kunden eine mögliche Finanzierung?

Auch hier gibt es zwei Antworten. Der Kopf bestätigt dem Kunden, dass eine Finanzierung klug und pfiffig sein kann. Auch kann eine Finanzierung Beschaffungsprobleme lösen und das vorhandene Budget erweitern. Das ist der Kopf.

Aber Kredite, Finanzierungen oder Geld leihen machen auch etwas mit dem Bauch. Der Kunde fühlt zu 90 % vielleicht *Machtlosigkeit*. Vielleicht macht aus seiner Sicht das Leihen von Geld ihn *klein* und sorgt für *fehlende Anerkennung*.

Die meisten in unserem Kulturkreis sind so aufgewachsen, und man hat sie so erzogen, dass man immer Geld haben muss, bevor man Geld ausgeben kann. Auf Pump leben macht *unbeliebt*!

Noch vor 15 Jahren, so erinnere ich mich, hätte ich in meiner eigenen Familie nur mit einem Gesichtsverlust erzählen können, dass ich ein Auto anschaffen und finanzieren möchte. Heute wird nahezu jedes Auto finanziert! Neue und gebrauchte Autos werden gleichsam und selbstverständlich finanziert.

»Herr Kunde, diesen Finanzierungsservice bieten wir als besondere Dienstleistung unseren Kunden an. ... Sie kennen das ja: Wer kein Geld hat, der kann sich auch kein Auto kaufen. Wer kein Geld zum Sparen hat, der hat auch keines, um zu finanzieren!«

Mit anderen Worten: Kein Kunde bekommt aus Ihrem Hause eine Finanzierung angeboten, weil man ihm helfen wolle, weil er kein Geld habe; sondern weil wir ein Geschäft machen wollen mit einem Kunden, der das nötige Geld hierfür hat, und mit spitzem Bleistift gerechnet sogar dabei Geld einsparen kann.

▸ Was bedeutet für den Kunden eine mögliche Finanzierung?

Zauberwort Simplifizierung

Betrachten Sie bitte folgendes Beispiel:

Ein Kunde möchte eine Küche kaufen. Er möchte 10.000 Euro für seine Küche ausgeben und rechnet sich aus, dass er fünf Jahre lang monatlich 166,67 Euro auf Seite legen und sparen muss, um am Ende der Laufzeit seine Küche einkaufen zu können.

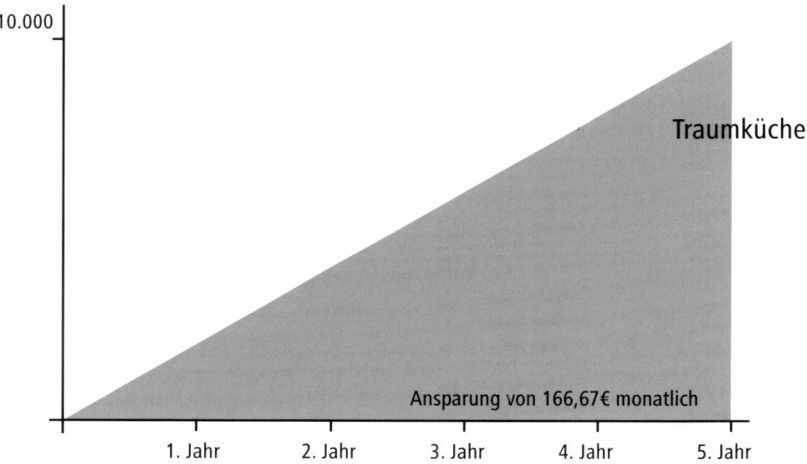

Wenn der Kunde heute eine Küche im Wert von 10.000 Euro aussuchen und erst in fünf Jahren anschaffen will, dann wird er aber *mehr* Geld in fünf Jahren ausgeben müssen, um die gleiche Küche anschaffen zu können.

Wie Sie in der nächsten Grafik erkennen, kommt pro Jahr gemittelt eine Geldentwertungsrate (Inflationsrate) in Höhe von 2,5 % auf den Betrag addiert hinzu.

> Was bedeutet für den Kunden eine mögliche Finanzierung?

Dies bedeutet nach fünf Jahren, dass die gleichwertige Küche 12,5 % mehr kosten wird als zu Beginn der Sparaktion. Dies erkennen Sie an der roten zusätzlichen Fläche in der folgenden Grafik bzw. der steileren roten Geraden.

Um also den Wertverlust auf die Spardauer hin auszugleichen, wird der Kunde statt der geplanten 166,67 Euro knapp 20,00 Euro pro Monat zusätzlich ansparen müssen, damit er eine Küche im gleichen Wert kaufen kann. Er legt 60 Monate 187,50 Euro für seine Küche zurück.

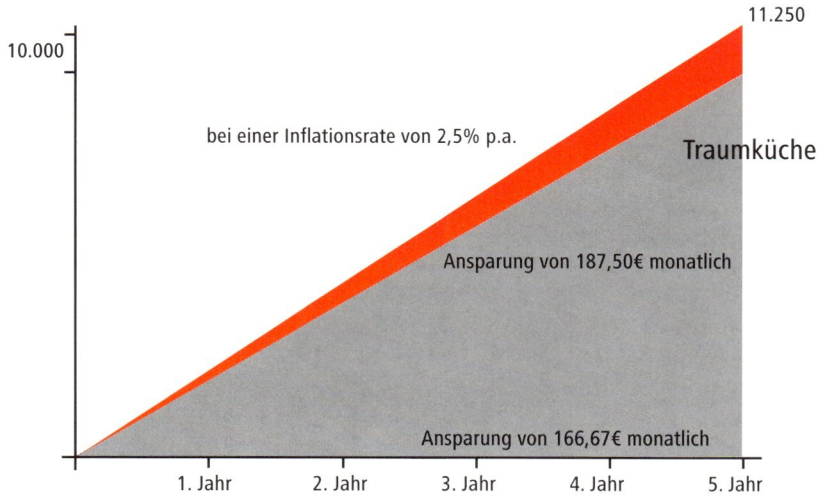

Wie Sie erkennen können, muss der Kunde seine Anschaffung, selbst wenn er *nur* ansparen möchte, mit den Inflationssätzen der jeweiligen Jahre (gerundet: 5 mal 2,5% p. a. = 12,5 %) verzinsen.

Gegenüber einer möglichen Finanzierung steht er sich in zwei Aspekten schlechter: Er zahlt zu viele Zinsen und wartet auf seine Küche fünf Jahre seines kostbaren Lebens.

▶ Was bedeutet für den Kunden eine mögliche Finanzierung?

Den eigentlichen und wesentlichen Unterschied zum Ansparen auf seine Küche erfährt der Kunde darin, dass er seine Küche *sofort* anschaffen und nutzen kann. Der Sparplan unterscheidet sich geringfügig vom Finanzierungsplan. In unserem Beispiel ist eine Verzinsung von 6,5 % auf die Laufzeit eingerechnet. Selbst bei einer Verzinsung von 9,9 % würde der Kunde immer noch gegenüber seinem Sparplan Geld einsparen.

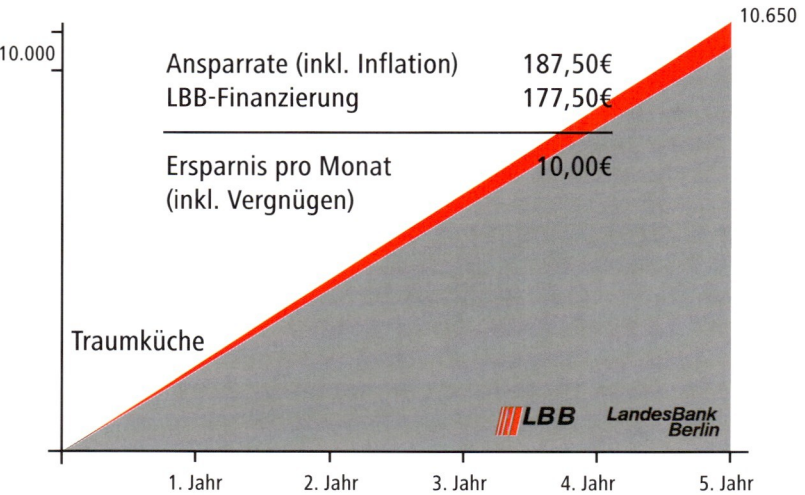

Absparen statt Ansparen
In jedem dieser beiden Fälle aber, dem Ansparen oder einer möglichen Finanzierung, wird der Kunde nicht umhin können, jeden Monat Geld zurückzulegen!

Laut einer aktuellen Marktstudie: …»**Das stärkste Argument beim Kunden eine Finanzierung einzugehen, ist die heutige (sofortige) Nutzung der (Ihres) hochwertigen Produktes sowie die Erhaltung der Liquidität für die Lebenshaltung!**« (RESULTATE GmbH, Neu-Isenburg, 2006)

Was bedeutet für den Kunden eine mögliche Finanzierung?

Der eigentliche Kunstgriff besteht in der Betrachtung bzw. in der Formulierung einer möglichen Finanzierung. Sprechen wir von *Finanzierung* oder *Ratenzahlung*, dann fühlen sich unsere Kunden möglicherweise nicht gut, nicht anerkannt oder unbeliebt. Dies sind 90 % des Eisberges zu Finanzierungsfragen!

»Herr Kunde, möchte Sie lieber an- oder absparen?« Denken Sie sich einmal, Sie würden so den Kunden befragen. Ganz sicher wird der Kunde Ihre Frage nicht direkt verstehen. Und stellen Sie sich weiter vor, Sie würden dem Kunden anhand der oberen Grafik erklären, was der Unterschied zwischen Ansparen und Absparen ist. »Herr Kunde, sparen werden Sie so oder so! – Aber das Absparen macht viel mehr Spaß, weil Sie das Auto (die Küche, das Schlafzimmer, den Schmuck …) unmittelbar genießen können!«

Jetzt schauen Sie auf die Augen Ihres Kunden. Sie lächeln Ihren Kunden an. Lächelt er auch, oder lächeln leicht nur die Augen, dann ist das ein eindeutiges Kaufsignal! Schaut er hingegen weg, vielleicht sogar auf den Boden, dann müssen wir noch etwas mehr tun. Vielleicht hilft eine Anekdote?

»Herr Kunde, ich kann Ihre Zurückhaltung gut verstehen! … Ich hatte gestern, … nein vorgestern einen Kunden hier im Geschäft. Sie erinnern mich irgendwie an ihn. Er ist einer von den Kunden, die wissen, was sie wollen. Toller Mann. … Er erklärte mir, warum er sein Geld lieber auf der Bank belasse und bei mir finanzieren wolle. Wahrscheinlich ist er Unternehmer oder Steuerberater. … Er hat mir vorgerechnet, dass er bei mir noch ein Geschäft mache. … Was halten Sie davon?«

▸ Was kaufen unsere Kunden wirklich?

Ihre Kundin spricht Sie an und möchte eine neue Küche kaufen. Ein anderer Kunde (bei einem Autohändler) möchte zu dem Mini-Van Näheres wissen. Wieder einer möchte eine Stereoanlage für sein Wohnzimmer planen.

Was möchten Ihre Kunden bei Ihnen kaufen?

Wäre das Prinzip des Kopfes dominant, dann läge die Antwort klar auf der Hand. Die Kundin kauft eben eine Küche, die anderen Kunden ein größeres Auto, der nächste wiederum plant einen besseren Raumklang für sein Wohnzimmer, was sonst?

Nachdem wir mit dem Eisberg unsere Bekanntschaft gemacht haben, ahnen Sie schon längst, dass eine solche Antwort nicht die Wirklichkeit wiedergeben kann.

Kunden kaufen keine Produkte oder Dienstleistungen, sondern die Vorstellung, die Idee von einem gewünschten Zielzustand ein.

Wollen Sie nun ab morgen 90 % mehr Erfolg haben, dann setzen Sie sich einmal mit diesem Gedanken auseinander. Welche Ideen kann ich bei Ihnen kaufen? Erinnern Sie sich, eingangs gab es eine ähnliche Frage nach dem Mittel zum Zweck. Genau darum geht es auch hier.

Was ist die Idee einer Küche? Ist es wirklich nur die Idee von Zubereitung von Nahrung? Glauben Sie das? Sie können Speisen auch auf einem separaten Zweiplattenherd kochen. Die Ausstattung der Räumlichkeit ist prinzipiell egal. Mit anderen Worten: Die gleichen Kartoffeln können Sie sowohl in einer Nobelküche als auch auf einem Zweiplattenherd gleich gar kochen, oder? Die Tütensuppe schmeckt immer gleich, die Fertigpizza gelingt beinahe in jedem Ofen.

Was kaufen unsere Kunden wirklich?

Für Ihre Kundin könnte die Idee einer Küche eine zufriedene und glückliche Familie sein. Vielleicht möchte die Kundin besonders gastfreundlich ihre Gäste bewirten? Vielleicht geht es noch um etwas ganz anderes?
Vielleicht vermuten Sie es schon längst: Warum wird bei den Küchen in den Einrichtungshäusern besonders gut verdient? ... Weil es nahezu immer nur um den Bauch der Kunden geht!

Denken Sie sich einmal, dass sich eine Kundin (oder ein Kunde) mit einer *perfekten* Küche *Perfektion* einkauft! Wer in einer *perfekten* Küche kocht, muss *perfekt* sein! – Natürlich beschreibt die Idee nicht immer die Wirklichkeit, aber die Idee beschreibt immer das jeweilige Kaufmotiv!

Für eine perfekte Küche werden ohne Probleme 15.000 oder 20.000 Euro ausgegeben. Das ist nicht besonders logisch, aber (verkaufs-)psychologisch wunderbar nachvollziehbar.

Es gibt so viele Ideen von einer Küche, dass Sie im Verkauf von Küchen mindestens einige kennen sollten. Denn wenn es um die Ideen des Kunden beim Verkaufen geht, dann können wir nur verkaufen, wenn wir die Idee des Kunden treffen.

Vielleicht noch ein anderes Beispiel aus der Möbelbranche: Warum geben Eltern von kleinen Kindern so viel Geld für die Einrichtung eines wirklich schönen Kinderzimmers aus? Was ist die Idee eines supersüßen Kinderzimmers? Sicher, es geht auch um ganz viel Liebe zum Detail. Keine Frage. Vielleicht ist das für einige Eltern schon genug an Ideen. Kann sein. Aber denken Sie sich einmal, dass die allermeisten Eltern so viel Geld ausgeben möchten, weil deren Idee von einem Kinderzimmer nicht nur die Zweckmäßigkeit oder Sicherheit betrifft, sondern viel mehr auch die Augenblicke meint, in denen das Kind sich gedankenverloren und überglücklich in seinem Zimmer aufhalten und spielen möchte. Auf die Kurzformel gebracht: Eltern möchten auch einmal ungestörte Zeit genießen. (Denken Sie jetzt bitte nicht, dass Kinder grundsätzlich störend wären. Aber ab und an machen auch ruhige Minuten den Eltern Spaß!)

Sie erkennen an diesem kleinen Beispiel, wie wichtig es ist, möglichst rasch herauszufinden, welche Ideen (Wünsche) unser Kunde realisieren will.

▶ Was kaufen unsere Kunden wirklich?

Stellen Sie doch einfach zwei, drei geschickte *offene* Fragen, um die Ideen zu locken. Offene Fragen sind solche, die den Kunden auffordern, in ganzen Sätzen zu antworten. Im Gegensatz dazu sind geschlossene Fragen solche, auf die der Kunde nur mit *Ja* oder *Nein* zu antworten braucht. So können Sie fragen: »Frau Kundin, was halten Sie von folgender Idee …?« Besser noch: »Frau Kundin, was ist bei der Planung Ihrer neuen Küche für Sie besonders wichtig?«

Kennen Sie die Ideen eines Mini-Vans? Mag sein, dass es der Platz im Auto ist. Vielleicht ist es die Großfamilie, vielleicht der besondere Fahrkomfort? Möglicherweise wird dieses Auto ein Firmenfahrzeug und soll demonstrieren helfen, dass der Fahrer dieses großen Fahrzeuges nur große Geschäfte tätigt?

Die Idee einer Stereoanlage ist natürlich das Musikhören. Aber auf welchem Level hört da jemand hin? Beschreibt ein Musikfan etwa, dass er am liebsten klassische Musik höre, dann geht es um wirklichen Hochgenuss. Glauben Sie, dass das billig sein muss? Vielleicht hat der Raumklang etwas mit Wohlfühlen und Image zu tun? Es kann sein, dass jeder Besucher dieses beschallten Raumes staunen und bewundern soll, über welch erlesenen Musikgeschmack, über welch erstaunliches technisches Detailwissen und über welche umwerfenden finanziellen Mittel der Gastgeber verfügt. »Musik ist meine Leidenschaft!«, so könnte unser Kunde die nächsten Gäste begrüßen. Und vielleicht gibt es da eine nächste weibliche Besucherin, die schon froh ist, dass es überhaupt noch leidenschaftliche Männer gibt!?

Es gibt tatsächlich Kunden, die wissen gar nicht (mit dem Kopf), was Sie eigentlich wollen (was der Bauch sich wünscht). Spätestens nach der dritten Frage sind solche Kunden verwirrt und ziehen sich zurück.

Bemerken Sie Unsicherheiten bei Ihren Kunden, wenn sie beschreiben sollen, was sie wirklich suchen (sich *wünschen*). Dann können Sie ganz galant eine wunderbare Brücke bauen, die dem Kunden hilft, eine Idee zu entwickeln. Würden Sie einfach nur *behaupten*, dass doch eine hochwertige Oberflächenbeschichtung das Mindeste sein müsste oder dass der Kundin doch sicher der Komfort gefallen werde, dann können Sie sehr leicht danebenliegen.

Der Kunde wird sich nicht mehr verstanden fühlen. Ihr Kunde sucht nach einer Lösung, die ihm und seinen *Ideen, Phantasien* und *Wünschen* entspricht. Wenn er die Lösung schon kennen würde, wäre er nicht so ratlos.
Kommen Sie aber nun viel zu schnell auf einen Vorschlag mit einer *Behauptung*: »Das wird Ihnen sicher gefallen!« oder: »Diese Kombination aus hochwertigem Material und bester Verarbeitung muss es aber schon sein!«, dann ist der Kontrast zwischen seiner fehlenden Vorstellung und Ihrer Ultimation für den Kunden *unerträglich!* Er wird noch unsicherer, wird den Abstand suchen und sich ungut fühlen. Und da Gefühle zu 90 % dominieren, wollen Sie genau eine solche Reaktion vermeiden. Aber wie kann man das Verkaufsgespräch ein wenig forcieren?

Die Anekdoten-Technik

Die Anekdote bietet sich als wunderschönes Hilfsmittel an, um beispielsweise etwas anzusprechen, was Sie sonst im Gespräch zur Vermeidung von schwierigen Situationen nicht direkt thematisieren wollten.

Stellen Sie sich einmal vor, da bedienen Sie einen Kunden, der den *Anschein* macht, dass er noch nicht einmal die wichtigsten Grundbegriffe Ihrer Produkte kennt. Jetzt einfach nur zu fragen: »Kennen Sie denn nicht das GS-Zeichen für *Geprüfte Sicherheit?*«, wäre nicht wirklich geschickt, oder?
Jetzt greifen Sie besser zur Anekdote: »Denken Sie sich, ich hatte vor einer Woche … ach was sage ich, nein, vor 1½ Wochen einen Kunden, der ähnlich wie Sie nach einem Produkt für … Ausschau hielt. … Was ihm ganz wichtig im Gespräch war, dass das Produkt unbedingt das GS-Zeichen tragen musste …!«
Jetzt kann Ihr Kunde ganz ungezwungen entscheiden, ob er sich mit dem *Vorgänger* identifiziert und ohne Gesichtsverlust (Blamage) zurückfragen kann, was denn dabei zu beachten sei.

Wenn er nicht reagiert, dann können Sie noch einen nachlegen: » … Dabei kam nämlich heraus, dass einige Bürostühle tatsächlich kein GS-Zeichen tragen. Wer setzt sich heute noch auf einen Billigstuhl?«

Das nenne ich konstruktives Verkaufen. Hierbei geht es um *Angebote* an den Kunden, um ihm mit Hilfe einer Bildergeschichte, Ideen aus dem Abstrakten in die Vorstellbarkeit zu transportieren. Vielleicht sind Sie noch ein sehr junger Verkäufer? Dann können Sie sehr gut von dieser Anekdotentechnik profitieren.

Erinnern Sie sich noch an das Beispiel mit der Kosmetikerin und dem Schnäppchen aus dem ersten Kapitel dieses Buches?

Ich bin darauf vorbereitet, dass immer wieder Seminarteilnehmer reklamieren, dass diese Kosmetikerin nicht die Wahrheit gesagt hatte. Denn die Geschichte mit dem Schnäppchen sei frei erfunden. Sie haben Recht, die Geschichte ist frei erfunden! – Aber hätte diese Kosmetikerin ihre Kundin ohne Anekdote direkt angesprochen, indem sie ihr erklärt hätte, dass sie doch wirklich keine Schnäppchen verwenden soll, die Kundin hätte sich sehr wahrscheinlich verärgert über die unverschämte Distanzlosigkeit zurückgezogen.

Anekdoten bauen großartige Brücken, um eine Verständigung über die wahren Motive des Kunden zu ermöglichen!

»Frau Kundin, ich hatte letzte Woche, … nein, was sage ich, vorletzte Woche eine Kundin hier im Geschäft. Eine sehr aparte Frau, gut informiert und sehr selbstbewusst. Sie haben sehr viel Gemeinsames. … Diese Dame war so begeistert, sie erklärte mir, dass sie so einen wunderschönen Schrank nur alle 20 Jahre kaufen würde. … Diese Dame zahlt nun 48,00 Euro pro Monat, und sie freute sich, weil sie diesen Betrag nicht spüren würde!«

Denken Sie daran: Beobachten Sie die Augen Ihres Gegenübers!

Von wem kauft unser Kunde?

So selten Kunden lediglich ein Produkt, sondern vielmehr eine Idee kaufen, so selten kaufen unsere Kunden diese Ideen in einem Waren- bzw. Handelshaus, oder noch genauer formuliert: *nur* bei uns als Verkäufer.

Würden Sie auch einen Anwalt beauftragen, der unsicher wirkt und stottert? Erwarten Sie als Patient bei einem Zahnarzt schlechte Zähne? Ein Handwerker mit zwei linken Händen würde Sie doch auch in die Flucht treiben, nicht wahr?

Was glauben Sie, suchen unsere Kunden bei uns *persönlich* zu finden? Besser noch: Was möchte der *Bauch* unserer Kunden bei uns finden? Wie wir wissen, ist dieser Bauch zu 90 % dominant selbst bei so genannten professionellen Einkäufern vorhanden und dem Kopf eindeutig überlegen.

Stellen Sie sich vor, Sie sind in einer fremden Stadt, und Sie benötigen Orientierung. Sie sprechen einen Taxifahrer an. Dieser gibt Ihnen zu verstehen, dass Ihr Wunsch von A nach B zu kommen, kein Problem ist. Seine Souveränität gibt Ihnen Sicherheit. Würde dieser Taxifahrer verlegen und unsicher wirken, hätten Sie niemals ein sicheres Gefühl. Sie wären die ganze Zeit auf der Hut und misstrauisch.

Unsere Kunden kommen zu uns in unser Haus, um eine Idee zu realisieren. Sie suchen Hilfe und Orientierung. Viele, aber längst nicht alle, haben schon eine Idee, *wohin* es gehen soll. Sie suchen aber immer nach vertrauensvoller Verstärkung.

Kunden kaufen nur von den Erfolgreichen.

Unsere Kunden wollen es spüren, dass wir unsere Arbeit gerne machen, dass wir unsere Arbeit lieben. Niemand möchte ernsthaft nur aus Mitleid uns etwas abkaufen müssen, damit es uns gut geht. Unsere Kunden möchten inspiriert und durch uns begeistert werden, sie möchten willkommen und erwünscht sein.

› Was kaufen unsere Kunden wirklich?

Bei einem wenig erfolgreichen Unternehmer, das erkennen Sie vielleicht an seiner klagenden Art, oder seinen demotivierten Mitarbeitern, vielleicht an der Stimmung im Betrieb oder dem allzeit leeren Ladenlokal, möchten Sie dort einkaufen?

Wir möchten dort einkaufen, wo es brummt! Wir möchten dort sein, wo die Erfolgreichen sich treffen, wo sonst?

Michael Schumacher fährt als Erster durch das Ziel, und beinahe alle Zuschauer sind plötzlich Sieger. Zum siebten Mal wurde er 2004 Weltmeister. Wir, die Deutschen, wurden zum siebten Male Weltmeister. Nicht logisch – dafür aber psychologisch. Der Umsatz mit Fanartikeln explodierte. Warum? Weil die allermeisten Menschen solche Helden zur Orientierung brauchen. Wie es scheint, stehen solche Siegertypen für uns innerseelisch Pate. Wenn wir uns mit Siegern umgeben, dann sind wir selbst genauso gut wie diese Sieger. Wir werden unbesiegbar.
In den letzten beiden Jahren wurde ein Spanier Formel-1-Weltmeister – wir lieben den Sieger, wir lieben ihn. Die anderen bedeuten uns nichts, wir vergessen sie! Der Autokonzern, der den jeweiligen Rennstall unterhält, der macht nach der gewonnenen Weltmeisterschaft enorme Umsatzzugewinne. Warum? Weil die Verbraucher auch weltmeisterlich – sportlicher – fahren und sein wollen. Dass das Weltmeister-Formel-1-Auto nur den gleichen Namen, aber sonst keine Ähnlichkeiten mit dem Wagen hat, den wir kaufen wollen, stört nicht wirklich.

Wenn Deutschlands beste Fußballspieler im Nationaltrikot eine Nuss-Nougat-Creme dick auf ihr Brot streichen und untereinander Freude zeigen, dann fragt der normale Verbraucher nicht mehr nach, ob die Creme gesund oder ungesund ist. Die eigenen Kinder sollten auch diese Creme naschen, damit sie auch genauso erfolgreich werden. Wir wollen alle nur den Erfolg!

Eine Frau steht abends an einer Bar und lernt drei verschiedene Männer kennen. Der Erste erzählt ihr, dass er sich nun endlich von seiner Frau getrennt habe und dass er aber immer noch unter der Trennung leide. Der Zweite an diesem Abend erzählt, dass er ein Kämpfertyp sei. Er, der Zweite, hätte es satt, nur noch zu kuschen. Er wolle mehr aus seinem Leben machen. Menschen in seiner Nähe, die untätig sind, mag er nicht.

Auch dieses Gespräch ist nicht wirklich faszinierend für unsere Dame. Da trifft sie die Nummer drei. Dieser Mann ist eher zurückhaltend. Er fragt mehr, als dass er von sich redet. Irgendwann erzählt dann auch dieser Mann beinahe auf Drängen der Dame über sich. Auch er hat viel erlebt, aber bisher habe alles für ihn seinen Sinn gehabt. Er ist jemand, auf den sich seine Freunde verlassen können und der noch Möglichkeiten sieht, wenn andere schon die Segel streichen.

Was glauben Sie, wer wird der Interessantere sein? Ich gestehe ein, dass dies natürlich eine rhetorische Frage ist. Aber dieses kleine Bild in der Bar spiegelt ein wenig unseren Verkaufsalltag.

Ein Verkäufer (Mann Nr. 1), der seinen Kunden erzählt, dass er froh ist, in diesem Handelsunternehmen nach Jahren der Arbeitslosigkeit endlich wieder einmal arbeiten zu dürfen, erzeugt Mitleid, aber er macht keine Lust auf mehr Geschäft, oder? Der Unternehmer, der seinem Kunden sein Leid klagt, wird nie der Haus-und-Hof-Lieferant!

Der Verkäufer (Mann Nr. 2), der seinen Kunden klarmacht, dass er streitbar und streitfest ist, der macht doch auch keinen Appetit auf mehr. (Beobachten Sie einmal, wie häufig Ihre Kollegen am Telefon dann lauter telefonieren, wenn ein Kunde oder sonst wer zum Imponieren in der Nähe ist! Würden Sie diesen Kollegen ansprechend finden?)

Der *dritte* Mann hat etwas von einem Sieger. Dieser Verkäufer sondiert erst einmal. Vielleicht entdeckt er in den ersten Äußerungen des Kunden, worum es diesem geht? Dieser Mann sieht keine Probleme, sondern denkt viel lieber in Möglichkeiten. Seine Kunden erleben auch ihn am Telefon oder bei einer spontanen Ansprache eines Kollegen, der das Ende des Verkaufsgespräches nicht abwarten kann, höflich und korrekt. In der Art und Weise, wie der Verkäufer (Mann Nr. 3) seine Probleme löst, kann der Kunde erkennen: »Mit dem kann man reden!«

Leuchten Sie nachts im Dunkeln?

Was macht Sie als *Sieger* aus? Diese Frage wirkt sehr simpel, ist aber bei näherer Betrachtung die Frage, um die es im Leben des Menschen als Individuum zentral geht. Da Sie auch ein Eisberg sind, zu 90 % einen

Bauch vor sich hertragen und andere begeistern möchten, sollten Sie diese Frage beantworten lernen.

Was macht mich besonders?
Welche innerseelischen Eigenschaften oder Eigenarten machen mich einmalig?

Vor einigen Jahren erhielt ich während eines zweitägigen Seminars in einem mittelständischen Unternehmen die schönste Antwort auf diese Frage: »Was macht Sie aus?« In diesem Seminar ging es unter anderem um Kommunikation und Kundenorientierung. In mehreren Arbeitsgruppen wurden verschiedene Grundsatzfragen zu Produkten, dem Unternehmen und den Mitarbeitern erarbeitet. Und so war eine Gruppe mit der Frage beschäftigt, welche Besonderheiten dem Kunden in der Zusammenarbeit mit den Mitarbeitern geboten werden können.

Interessant ist übrigens, dass im Marketing der Begriff des *Alleinstellungsmerkmals* nur für Produkte, wenig für Unternehmen und überhaupt nicht für Menschen herangezogen wird.

So ist beispielsweise ein Patent ein klassisches Alleinstellungsmerkmal für ein Produkt. Stellen Sie sich vor, es gäbe eine Kaffeetasse mit drei Henkeln. Und würde dieses Produkt nur von einem Hersteller produziert, dann wäre dieses Produkt *Tasse* ein Alleinstellungsmerkmal für diesen Hersteller. Würde dieses Unternehmen diese Tasse auch noch in einem bisher nie da gewesenen Verfahren herstellen, so wäre dieses Verfahren ebenfalls ein Alleinstellungsmerkmal für das Unternehmen. Oder die Art und Weise der Mitarbeiterführung könnte in diesem Unternehmen einmalig und damit ein Alleinstellungsmerkmal sein.

In diesem oben erwähnten Seminar ging es nun konkret um die Entwicklung unserer *persönlichen Alleinstellungsmerkmale*. Vielleicht wirkt diese Wortschöpfung auf Sie zu technokratisch?

Ziel dieser Entwicklung der **persönlichen Alleinstellungsmerkmale** war die mindestens gleichwertige Gegenüberstellung der Ergebnisse mit denen aus produkt- und firmenbezogenen Alleinstellungsmerkmalen.

Denn in jedem Unternehmen wird an der Positionierung des Unternehmens und der Produkte am Markt fortwährend gearbeitet. Oft wird dabei der einzelne Mitarbeiter in seinem Verhältnis zum Kunden schlichtweg übersehen.

Ein Blick auf *unseren* Eisberg verdeutlicht an diesem Beispiel, wie weit und wie oft wir in der Wirklichkeit in Sachen Kommunikation im Allgemeinen und dem Zwischenmenschlichen im Besonderen entfernt sind vom Wesentlichen. Zahlen, Daten, Fakten sind im Kontakt zu Menschen gerade einmal zu 10 % bedeutsam. Dem Eisberg zufolge gibt es etwas, das neunmal mehr Bedeutung zwischen uns Menschen hat, als Produkteigenschaften und spezifische Firmenstrukturen es haben können.

Nachdem die ersten beiden Gruppen ihre Ergebnisse vorgetragen hatten, kam die dritte Gruppe an die Reihe. Ein Kollege aus diesem Team nahm Kärtchen und stellte einzeln die gefundenen Attribute vor: Da wurden Nennungen wie Fleiß, Sorgfalt, Ausdauer und Ehrlichkeit vorgestellt. Und wenn ich ehrlich sein darf, ich hörte nichts Unerwartetes, alles Bisherige entsprach dem Üblichen.

Aber dann: Mitten in seiner Präsentation stockte dieser Kollege und hielt inne. Er legte seine Kärtchen beiseite und stand noch einen Augenblick lang wortlos da.
Dann sagte dieser Mann: »Ich bin ein Leuchtturm!« Erst noch recht zögerlich, dann wiederholte er den Satz deutlich lauter: »Ich weiß es, ich bin ein Leuchtturm!«

Einige der anderen Teilnehmer reagierten irgendwie verlegen amüsiert. Er sprach weiter: »Ich stehe fest in der Brandung.

Und wenn man vor lauter Gischt die eigenen Hände nicht mehr vor Augen sehen kann, dann gebe ich den Menschen, die mir nahe sind, Orientierung. Bei Wind und Wetter stehe ich gerade und weiche keinen Millimeter. Meiner Familie, meinen Freunden und meinen Kunden bin ich fester Halt!«

Stellen Sie sich bitte einmal vor, *wen* Sie plötzlich vor sich sähen, wenn Sie einen Menschen treffen würden, der von sich sagt, dass er ein Leuchtturm sei?

Und wenn ich damals einen Hut im Seminar dabeigehabt hätte, ich hätte ihn sofort vor diesem Mann gezogen. Schöner, dichter, vielleicht sogar poetischer hätte die Antwort nicht sein können.

Das sind Momente, in denen keiner mehr lacht, niemand mehr grinst. Mir lief damals die Gänsehaut rauf und runter. Und das tut es auch heute noch, wenn ich in Seminaren über dieses *wunderbare* Erlebnis berichten darf.

Investieren Sie etwas Zeit

Bitte nehmen Sie sich einmal vor, in den nächsten Tagen, nachdem Sie dieses Kapitel gelesen haben, sich für ein oder zwei Stunden aus dem Trubel des Alltags abzusondern. Setzen Sie sich an einen ruhigen Ort. Schalten Sie das Handy aus, stöpseln Sie das Telefon aus der Wand, kein Radio, kein Fernsehen, nichts soll Sie ablenken.
Nehmen Sie sich dann ein Blatt Papier und einen Stift und sammeln Sie alles, was Ihnen zu Ihrer Person einfällt. Notieren Sie Eigenschaften, von denen Sie spüren, dass man Sie an diesen Eigenschaften erkennen würde.
Achten Sie bitte unbedingt darauf, dass Sie nicht zu bescheiden sind. Trauen Sie sich, schreiben Sie alles auf, was Ihnen in den Sinn kommt.

Ganz wichtig ist auch, dass Sie dieses Papier nur für sich erstellen. Zeigen Sie es niemandem. Schlimmstenfalls verstricken Sie sich in Diskussionen, die Ihnen nicht weiterhelfen werden.

Vielleicht ist das Blatt nach einer halben Stunde immer noch leer, na und? Macht nichts, das ist völlig *normal*. Bleiben Sie hartnäckig am Ball.

Möglicherweise schreiben Sie etwas auf, das Sie schon drei Tage später wieder verwerfen werden. Kann alles sein. Ergänzen Sie nach Herzenslust, wann immer Sie möchten. Sie werden erleben, dass sich Ihr Leben im Sinne von *Bereicherung* verändern wird.

Und was tun, wenn es überhaupt nicht funktioniert?

Lassen Sie die Flügel nicht hängen. Weihen Sie Ihre beste Freundin, Ihren besten Freund ein. Fragen Sie nach: »Was schätzt du an mir besonders?« Oder fragen Sie Ihre Eltern. Achten Sie bei der Auswahl der Menschen, die Sie fragen möchten, darauf, dass sie Ihnen wohlgesonnen sind. Denn diese Übung soll Sie aufbauen und ein wenig zum *Leuchten* bringen. Dann werden Sie noch lange kein Leuchtturm sein – vielleicht schon bald aber ein Glühwürmchen?!

Es gibt sicher keine bessere Investition in Ihr Selbst als die Suche und das Finden Ihrer Einmaligkeit. Ihre Kunden werden es Ihnen tausendfach danken.

Ein kleiner Gedanke noch zum Siegen: Wer siegen will (und attraktiv sein will!), muss auch kämpfen wollen. Nicht gegen jeden und nicht gegen den Rest der Welt, vielleicht nur mit sich selbst, mit der eigenen Bequemlichkeit? Es gibt Unzählige, die die Welt verändern wollen, aber nur bei sich selbst fangen sie nie an!

Noch einmal Roman Polanski:

*»Wer eine Schlacht gewinnen will,
muss denken, dass er der Sieger ist.*

*Man kann eine Schlacht auch verlieren,
wenn man denkt, man ist der Sieger.*

*Aber man kann nie und nimmer gewinnen,
wenn man sich für einen Verlierer hält.«*

Von der Kunst, ein Gewinner zu sein

Der Gewinner unterscheidet sich wesentlich von dem Verlierer dadurch, dass der Gewinner an der Stelle weitermacht, an dem der Verlierer aufgibt!

Aber was macht der Gewinner anders als der Verlierer?

Der **Gewinner denkt immer positiv und sieht Möglichkeiten.** Er glaubt an sich, an sein Produkt und vor allem an den Nutzen für den Kunden!

Der **Gewinner hat** in jedem Gespräch seinem Gegenüber **etwas zu bieten.** Er stiftet Nutzen für den Kunden, und er weiß, dass er für den Kunden wertvoll ist!

Der Gewinner lebt ein **solides Selbstvertrauen.** Er braucht nichts Überhebliches. Er wirkt freundlich, positiv und optimistisch!

Gewinner erwarten immer das Beste, den Erfolg. Sie konzentrieren sich auf den Erfolg und können Misserfolge ertragen. Für einen Gewinner sind Misserfolge nur Wegweiser zum Ziel!

Gewinner wissen sich und andere zu begeistern. Das sind Menschen, die tatsächlich nachts im Dunkeln leuchten.

Gewinner haben Ziele, die sie erreichen wollen!

Checkliste

Was kaufen unsere Kunden wirklich?
- Kunden kaufen keine Produkte, sondern Ideen (Wünsche) ein!
- Das ist die logische und psychologische Konsequenz aus der Betrachtung des Eisberges!
- Welche Ideen kenne ich, und welche kann ich gut nachvollziehen?

Was bedeutet Geld?
- Zu 90 % geht es um Macht, Anerkennung, Beliebtheit und Schönheit!
- Ein gutes Geschäft ist nur dann ein gutes Geschäft, wenn zu 90% der offensichtliche Verlust an Macht, Anerkennung, Beliebtheit und Schönheit, welcher durch das Geldausgeben entsteht, durch die Persönlichkeit des Verkäufers ausgeglichen wird!

Was bedeutet Finanzierung?
- Zu 90% geht es um einen möglichen Verlust an Macht, Anerkennung oder Beliebtheit! (Wir müssen dem Kunden Sicherheit vermitteln!)
- Es hat immer etwas mit ganz wichtigen Moralvorstellungen (der eigenen Erziehung) zu tun!
- Überprüfen Sie Ihre persönliche Einstellung zu Finanzierungen zum Absparen!

Von wem kaufen unsere Kunden?
- Zu 90% verhandeln unsere Kunden mit unserem 90%igen Bauchprinzip. Wie wichtig ist es dann, dass wir an unser Konzept, unser Unternehmen und unsere Arbeit glauben?
- Ein Preisnachlass eines schwachen Verkäufers ist nichts wert! Hingegen ist ein verhandelter Preis durch einen starken Verkäufer pure Anerkennung!

Meine persönlichen Alleinstellungsmerkmale
- Was macht mich für meinen Kunden außergewöhnlich?
- Sammeln Sie schriftlich Ihre Alleinstellungsmerkmale
- Fragen Sie nicht, zögern Sie nicht – TUN Sie es!
- Und tun Sie es nur für sich!

▸ Der Aufbau eines Verkaufsgespräches

In jedem Handbuch über das Verkaufen finden sich natürlich immer wieder die gleichen Unterteilungen, wenn es darum geht, ein Verkaufsgespräch zu systematisieren. Sie kennen alle diese Einteilungen in die *Eröffnungsphase, Bedarfsanalyse, Angebots-* und schlussendlich die *Abschlussphase*.

Denken wir uns einmal, wir sollten mit dem Eisberg-Modell die Bedeutung dieser vier Phasen genauer unter die Lupe nehmen. Und merkwürdigerweise findet das in den allermeisten Fachbüchern und Seminaren nicht statt. Sicher, die einführenden Hinweise betreffen immer die Psychologie und den Eisberg. Aber die konsequente Anwendung auf die gesamte Verkaufstheorie findet nicht statt.

Es gibt immer wieder Seminarteilnehmer, die nach der ultimativen Verkaufstechnik fragen. Meine Antwort ist geduldig immer die gleiche: »**Es gibt keine Technik, die wirklichen Erfolg garantiert. Es gibt aber Persönlichkeiten, die mit der richtigen Technik nahezu Garanten dafür sind, zu gewinnen!**«

Meine Erfahrung in vielen Jahren der Seminararbeit ist genau diese, dass Menschen sich zu *Starverkäufern* entwickeln, wenn sie anfangen, in sich selbst zu investieren. Viele Seminarteilnehmer benötigen die richtigen Anregungen, einiges an Zeit und die Bereitschaft, sich selbst infrage zu stellen – zu lernen. Sie wie ich, wir sind im Bild gesprochen wandelnde Eisberge. Sie wie ich, wir benötigen zu 10 % Futter fürs Hirn. Die anderen 90 % sollen unsere *Bäuche* ernähren.

Keine Sorge, auch Sie erhalten jetzt wichtige Hinweise für Ihren Erfolg im Verkaufsgespräch – aber wir werden die Gewichtung wieder auf das richtige Maß zurückführen.

Ein Verkäufer ist nur dann gut, wenn es seinem Bauch gut geht!

Dieser Leitsatz gibt bereits eine wichtige Richtung vor. Vielleicht sind oder werden Sie eine Führungskraft, die andere Verkaufskollegen zum Erfolg führen möchte.

Dann sollten Sie tunlichst darauf Acht geben, wie es um die Befindlichkeit der *Bäuche* Ihrer Mitarbeiter bestellt ist.

So ist es beispielsweise nicht ratsam, morgens einen Mitarbeiter zu was auch immer zu ermahnen. Auseinandersetzungen sollten Sie zu Gunsten des Bauches Ihres Gegenübers auf das Nötigste reduzieren. Diskussionen sind in die letzten Stunden eines Arbeitstages zu verlegen, damit eben 90 % des Mitarbeiters tagsüber auf Erfolg programmiert bleiben.
Und wenn es wirklich mal richtigen Ärger mit Mitarbeitern gibt, dann würde ich lieber die Beteiligten einen Tag in Urlaub schicken, als dass diese die Chancen im Verkauf ruinieren können.

Sie werden sehen, warum das so besser ist:

Die Eröffnungsphase

Diese Phase eines Gespräches ist immer die wichtigste Phase überhaupt. Sie ist viel wichtiger, als die Bedarfsanalyse sein kann. Warum? Na weil Sie keinen Bedarf mehr benötigen, wenn der Kunde Ihnen irritiert das Vertrauen verweigert. In die Angebotsphase kommen Sie auch nicht ohne eine vernünftige Eröffnung hinein. Und ein Abschluss bleibt ohne einen erkannten Bedarf und eine gute Kundennutzenargumentation eher unrealistisch.

In der Eröffnungsphase erzeugen Sie ein gutes Klima. Es geht um vertrauensfördernde Maßnahmen. Sie zeigen Ihrem Kunden, dass Sie ein aufrichtiger Mensch sind, dass auf Sie Verlass ist und dass Sie sympathisch sind. Erinnern Sie sich noch, wir sagten: Sympathie ist kein Zufall! Genau darum muss es in dieser wichtigsten Phase gehen. Der Bauch Ihres Gegenübers muss beruhigt werden. Der Dino will initial wissen, dass alles in Ordnung ist. Auch hieran erinnern Sie sich noch: Der Dino passt auf, dass uns niemand etwas tun kann, dass uns kein Schaden zugefügt wird. Meldet der Dino Alarm, dann gibt es nur den Rückzug oder den Angriff für den Dinosaurier. Die allermeisten Kunden ziehen sich *nur* zurück. Aber ist das der Sinn eines Besuches in Ihrem Handelshaus?

▸ Der Aufbau eines Verkaufsgespräches

Vermeiden Sie bitte paradoxe Situationen

Wir haben schon mehrfach über den Tresen in einigen Handelshäusern gesprochen. Wenn in Ihrem Hause bzw. in Ihrer Abteilung ein solcher Tresen steht, dann werden Sie nicht umhin kommen, sich dort ebenfalls hinter diesen Tresen zu begeben, um Ihre Arbeit zu machen.

Aber: Wenn Sie einen Kunden auf sich zukommen sehen, dann *stehen Sie bitte auf!* Geben Sie zu erkennen, dass Sie selbst im Telefonat gerne für den ankommenden Kunden ansprechbar sein wollen. In diesem Beispiel telefonieren Sie zwar weiter, aber Ihr Kunde darf erkennen, dass Sie ihn sehen und beachten. Interessanterweise halten die meisten Kunden Telefonate für überflüssig oder von privater Natur. Ihren Kunden interessiert es nicht, ob das Telefonat wirklich wichtig ist. Die meisten Kunden sind so mit sich selbst beschäftigt, dass jeder Hinweis, auf was auch immer, nicht richtig gehört wird.

Ihr Händedruck wirkt kompetent und entschlossen

Optimalerweise ist Ihr Händedruck gleich dem Händedruck Ihres Kunden. Bekommen Sie dennoch eine »Leichenhand« zu spüren, dann ist Ihr Händedruck bitte ein wenig stärker. Nicht zu stark, aber vermeiden Sie bitte ein *Treffen der Untoten*. Übrigens ist ein zu starker Händedruck ebenfalls ein paradoxes Beispiel. Sie achten den Kunden, er ist für Sie der wichtigste in Ihrem Unternehmen, aber Sie bekommen es scheinbar nicht mit, dass Sie gerade dabei sind, ihm die Hand zu zerquetschen. Der Kunde windet sich, geht in die Knie, aber *Popeye* ist nicht bei der Sache.

Persönlich kann ich Ihnen nur empfehlen, sich mit Händedruck namentlich vorzustellen. Dies hat den Vorteil, dass Sie mit einem angemessenen Händedruck zeigen, wer Sie sind, und dass in den allermeisten Fällen Ihr Gegenüber auch seinen Namen nennt. Nicht immer, aber immer öfter.

Machen Sie bitte immer ein freundliches Gesicht

Bitte schauen Sie nicht weg, schauen Sie Ihr Gegenüber an. Das tut jedem gut, auch Ihrem Gegenüber.

Sie kennen sicher das Spiel aus allen Bussen und Bahnen dieser Welt: Sie sitzen einem Fremden gegenüber und schauen ihn so lange an, bis er entweder lächelt oder wegschaut. Kennen Sie das?

Dabei muss der Gewinner in der Lage sein, möglichst ohne Gesichtsregung das Gegenüber zu fixieren. Nicht starren, nur standfest sein, ist hier die Regel. Und da gibt es tatsächlich einige wenige, die nicht in der Lage oder willens sind, den Blick eine Zeit lang zu erwidern. Übung macht wie immer den Meister.

Wie unangenehm ist Ihnen die Situation, wenn Ihnen jemand vorgestellt wird, und dieser Mensch Sie noch nicht einmal anschauen kann oder will? Zugegeben, es gibt Menschen, die wirken so eingeschüchtert und verunsichert, dass sie mit einem solchen Blick nach unten Mitleid und Mütterlichkeit hervorrufen können.

Was meinen Sie, wird es eine eher günstige oder ungünstige Strategie sein, Menschen zu zeigen, dass man auf Sie zählen kann?

Schauen Sie bitte offen und ohne jede negative Wertung Ihr Gegenüber mit einem Lächeln an! Schauen Sie ihm in die Augen. Halten Sie seinem Blick stand. Das ist ungeheuer wichtig für Sie! Das geht sozusagen intravenös direkt in den Bauch des anderen.

Sprechen Sie Ihren Gesprächspartner mit Namen an

Eine weitere Selbstverständlichkeit, die aber nahezu immer wieder vergessen wird: Wie heißt eigentlich Ihr Gegenüber?

Haben Sie sich mit Namen vorgestellt, dann erhalten Sie in den allermeisten Fällen auch seinen Namen. Und dann? Dann schreiben Sie sich den Namen auf einen Block. Diesen Block haben Sie während Ihres Gespräches immer dabei. Ein kurzer Blick, und selbst unter Stress können Sie Ihren Kunden ab und an mit seinem Namen ansprechen. Es gibt tatsächlich keinen Kunden, der seinen Namen nicht gerne hören wollte. Unser Name individualisiert uns, er verschafft uns eine Einmaligkeit. Begrüßt uns ein Mensch mit unserem Namen, dann zollt er uns seinen Respekt.

Kennen Sie das? Sie tanken an einer Tankstelle und bezahlen anschließend mit Ihrer Karte. Der Kassierer rechnet ab und verabschiedet Sie mit Ihrem Namen: »Herr Müller, gute Fahrt noch!« Geben Sie es doch zu, es freut Sie

▸ Der Aufbau eines Verkaufsgespräches

doch auch. Natürlich ist es für den Kassierer keine Kunst, aber er macht seine Sache prima, weil er uns aufwertet. Das Gleiche erleben Sie in guten Hotels.

Die ersten Sätze bedienen nur den Bauch

Bitte denken Sie daran, in den ersten sieben Sekunden wird vom Dino Ihres Kunden entschieden, ob Sie zu mehr zugelassen werden oder nicht. In diesen ersten Sekunden besprechen Sie außer Begrüßung und Vorstellung bitte nichts. In aller Regel erzählen die Kunden sofort, worum es ihnen geht. Wenn nicht, dann lächeln Sie ein wenig Ihr Gegenüber an, und fragen Sie beispielsweise: »Möchten Sie sich zuerst umsehen, oder kann ich Ihnen gleich behilflich sein?«

Oder Sie können nach der Begrüßung nett Ihren Kunden auffordern: »Wenn Sie mir sagen, was Sie sich wünschen, kann ich ihnen bestimmt das Richtige zeigen!«

Vertrauen führt

Das wichtigste, vielleicht sogar das einzige Ziel der Eröffnungsphase ist es, das *Vertrauen* Ihres Gegenübers zu gewinnen.

Häufig berichten in Seminaren die Teilnehmer von verpassten Chancen und gescheiterten Abschlüssen. Alles verlief gut und unauffällig, und doch, am Ende hat es nicht gereicht. Was ist passiert? Meine eigene Beobachtung als Verkäufer, Trainer und als Coach ist die, dass die meisten Fehler gerade in der Eröffnungsphase gemacht werden. Diese Fehler schleppen sich durch bis ans Ende des Gespräches. Und das ist dann die Abschlussphase. Hier wird buchstäblich *abgerechnet*. Und was sagt der ratlose Verkäufer zum Schluss, woran es gelegen hat? Es war der Preis!

(Zur Information: Solche Zusammenhänge lassen sich wunderbar in Rollenspielen vor der Kamera aufdecken. Mein Tipp: Wann immer Sie können, machen Sie bei Rollenspielen mit. Sie werden staunen und begeistert sein!)
Ihnen schenkt man Vertrauen, oder nicht. Sie können Vertrauen nicht einfordern. Wirken Sie sympathisch, sind Sie freundlich und offen, dann wird man Ihnen unterstellen, dass Sie es gut meinen.

Ihr Kunde braucht jemanden, dem er vertrauen kann, weil er sowieso nicht über ausreichende Kenntnisse aus Ihrem Fachwissen verfügt. Er benötigt Orientierung. Und orientieren können wir uns, können Sie sich nur, wenn Sie mindestens einen Menschen haben, dem Sie ... vertrauen können.

Und der Preis? Viele Seminarteilnehmer berichten, dass es immer mehr Kunden gibt, die bereits eingangs im Gespräch schon den Preis eines Produktes wissen wollen.

Egal was Sie zum Thema Preis hier in dieser ersten Gesprächsphase bereits sagen wollen, Sie werden hoffnungslos danebenliegen. Mit anderen Worten: Sie haben keine Chance!
Und warum nicht? Nun, weil Sie den eigentlichen Bedarf des Kunden noch nicht kennen. Besser formuliert müssten wir sagen, weil Sie die *Idee* des Kunden zu diesem einen Produkt noch nicht kennen. Selbst wenn der Kunde Ihnen das Gefühl gibt, er selbst kenne das Produkt und wolle nur einen Preis. Welche Chance haben Sie? Theoretisch nur die, dass Sie einen Tagespreis anbieten können, den augenblicklich noch niemand vor Ihnen geboten hat. *High Noon?*

Stellen Sie sich vor, Sie könnten eine solche frühe Frage nach dem Preis etwa so beantworten: »Herr Kunde, Sie stellen die Frage aller Fragen. Ja, die ist ganz wichtig! Bevor ich Ihnen Auskunft geben kann, brauche ich noch einige Informationen. Worauf kommt es Ihnen bei der Auswahl dieses Produktes besonders an?«

Nochmals: **Egal welchen Preis Sie zu früh nennen, Sie haben bereits verloren. Also: keine Preise in der Eröffnungsphase!**

Die Bedarfsanalyse

Rein technisch betrachtet dient diese Phase des Gespräches der Sammlung von Informationen, die Sie unbedingt benötigen, um daraus folgend ein Angebot entwickeln und vorlegen zu können. Klingt logisch, oder? In der Praxis passiert es

> Der Aufbau eines Verkaufsgespräches

aber immer wieder, dass wir Verkäufer schon längst zu wissen glauben, was der Kunde sucht und braucht. Wir treffen Annahmen, mehr nicht. Es kann sein, dass wir richtig liegen und verkaufen können. In den meisten Fällen aber stellen wir fest, dass wir uns eher festfahren und im Abschluss nicht weiterkommen.

Wenn wir zugrunde legen, dass Kunden keine Produkte, sondern Ideen (Wünsche) einkaufen, dann verstehen wir, warum es ohne Bedarfsanalyse psychologisch nicht gehen *kann*. Wir *müssen tatsächlich* verstehen, dass wir als Verkäufer zwar das richtige Produkt dem Kunden anbieten können, aber wir werden ohne das Verständnis der Idee unseres Kunden nicht in seinem Sinne, nämlich kundennutzenorientiert argumentieren können. Und wenn wir das nicht können, dann ist jedes Produkt schlichtweg zu teuer!

Jedes Produkt ist zu teuer, wenn es die Idee nicht trifft!

Immer wieder scheitern noch so günstige Angebote oder noch so erfahrene Verkäuferkollegen an der Idee des Kunden. Für uns Verkäufer ist es enorm wichtig, die wichtigsten Ideen meiner Produkte zu kennen. Diese können wir zu 99 % den Kaufmotiven Sicherheit, Bequemlichkeit, Gewinnstreben und Prestige zuordnen.

Zum Thema *Sicherheit* suchen unsere Kunden so etwas wie sichere Handhabung, Zuverlässigkeit des Materials und unserer Aussagen, Garantien, Lieferzeiten und geschultes Service-Personal.

Mit *Bequemlichkeit* meinen unsere Kunden vielleicht die Verpackungsrücknahme, den Service unseres Personals oder den Komfort in der Anwendung.

Für den anderen Kunden ist das *Gewinnstreben* wichtig, weil er auf langlebige Lösungen bedacht ist. Er möchte Technik kaufen, die lange zu gebrauchen ist. Der *kostenlose* Service aus unserem Haus reizt ihn besonders.

▸ Der Aufbau eines Verkaufsgespräches

Und *Prestige* bedeutet für ihn, dass er z. B. für seinen guten Geschmack Anerkennung erfahren wird.

Stellen Sie sich bitte einmal einen Kunden vor, der im Gespräch erklärt, dass er nach einem Kinderbett suche, weil er maximale *Sicherheit* für sein Kind wolle.

Was glauben Sie, wie wird er sich *fühlen*, wenn ein Verkäufer ihm ein Kinderbett vorstellt und betont, dass dieses Bett wirklich hübsch ist?

Oder wie wird er sich verstanden fühlen, wenn ein anderer Kollege ihm versichert, dass die Umverpackung zu diesem Bett zurückgegeben werden kann?

Seine Idee, ein sicheres Bett mit bester Verarbeitung zu finden, findet der Kunde bei den Verkäufern nicht wieder. Er ist nicht verstanden worden. Haben die Verkäufer nicht zugehört, oder interessiert es sie nicht?

Bevor wir nun also unsere Produkte präsentieren, mit anderen Worten: anbieten, fragen wir doch einfach nach, was unser Kunde sucht. »Herr Kunde, was ist Ihnen bei der Auswahl besonders wichtig?« Oder: »Welche Vorstellungen haben Sie?«

Wenn Sie genau auf die Fragestellung achten, dann fällt Ihnen auf, dass der Kunde mit ganzen Sätzen antworten muss. Nur so erhalten Sie gute Informationen. Alle Fragen, die der Kunde mit Ja oder Nein beantworten kann, helfen nicht weiter und machen das Gespräch öde und langweilig.

Denn Kunden lieben es, erzählen zu dürfen!

Die wichtigsten Fragetechniken

Geschlossene Fragen

»Herr Kunde, interessieren Sie sich für tolle Autos?« »Ist Ihnen die hochwertige Verarbeitung der Produkte wichtig?« Der Kunde sagt im günstigsten Fall »Ja«. Und was wissen Sie dann? Weil diese Art des Gespräches keine neuen Horizonte öffnet, nennt man diese Technik *geschlossene* Fragetechnik.

Diese Technik ist ganz nützlich, wenn Sie Suggestivfragen stellen. Wichtig ist nur zu beachten, dass Sie sich vor einer Suggestivfrage ziemlich sicher sein müssen, da ansonsten sozusagen der Schuss nach hinten losgeht und der Kunde sich übervorteilt fühlt. »Herr Kunde, sind Sie nicht auch der Meinung, dass Sie beim Kauf von Autos besonders auf die Verbrauchswerte zu achten haben? ...«

Geschlossene Fragen sind zum Abschluss des Gespräches sehr gut, dann, wenn Sie sich Ihrer Sache wirklich sicher sind. »Herr Kunde, wir haben alles besprochen, wir sind uns einig. Sollen wir jetzt den Kaufvertrag abschließen?«

Beachten Sie nur, dass geschlossene Fragen immer auch ultimativ wirken können. Bei spontanen geschlossenen Fragen handeln wir uns immer zu 80 % ein Nein ein, nur weil der Kunde so vorsichtig ist. Also starten wir lieber mit offenen Fragen. Dies ist besser so!

Offene Fragen

Solche Fragen beginnen in aller Regel immer mit einem »W«. »Wie wichtig ist Ihnen ...«, »Was halten Sie von ...«, »Wie gefällt Ihnen folgendes Konzept?«

Diese Frageform ist mit Abstand die interessanteste für Sie als Verkäufer und eine angenehme Fragetechnik für Ihren Kunden. Sie erhalten viele Informationen über die Motive, sprich: die *Ideen* des Kunden, und der Kunde wiederum ist gefragt. Seine Meinung ist *wichtig*. Das tut ihm immer gut.

Aber bitte denken Sie daran, dass alles nur in Maßen anzuwenden ist. Der Verkäuferkollege, der nur noch mit offenen Fragen den Kunden einzubinden versucht, wird irgendwann als *Verkaufstechniker* entlarvt und langweilt.

Das kennen Sie sicher auch von so genannten Telefonverkäufern. Da ruft Sie jemand an und fragt Sie ganz merkwürdig: »Können Sie sich auch vorstellen, einmal in der Lotterie XY zu gewinnen?« (eine geschlossene Suggestivfrage, denn vorstellen kann man sich alles). »Was würden Sie mit so viel Geld alles anfangen können?« (offene Imaginationsfrage; man möchte, dass Sie sich in Gedanken bereits den Gewinn ausmalen, damit Sie im Anschluss an einem *Achtellos* interessiert sind. Darüber hinaus würde eine Beantwortung dieser offenen Frage Ihrem Telefonverkäufer weitere Möglichkeiten der Argumentation bieten).

Meistens kommen diese Verkäufer aber gar nicht erst zur zweiten Frage, weil wir schon an der Art, wie sie sprechen und wie sie Fragen stellen, bemerken können, dass uns jemand heftig manipulieren will. Solche *Verkaufstechniker* stoßen ab, weil jeder instinktiv weiß, dass ein solcher Verkäufer sich nicht im Geringsten für den jeweiligen Kunden interessiert, geschweige denn ihm zuhört. Diese Gespräche sind unangenehm und wirken abgelesen.

Offene Fragen beginnen meistens mit einem W-Wort. Drei W-Wörter sollten Sie von der Liste der möglichen Fragewörter streichen. Das sind die Sesamstraßenwörter: *»Wieso, weshalb, warum?«*

Solche Fragen haben immer die Tendenz, zu nerven. Wenn Sie Kinder haben, dann kennen Sie diese nervige Phase nur zu gut. Die Frageworte aus der Sesamstraße fordern den Gefragten auch auf, sich zu rechtfertigen. Statt zu fragen: »Wieso möchten Sie dieses Auto kaufen?«, wirkt es sehr viel freundlicher: »Was erwarten Sie von einem Auto wie diesem?«

Alternativfragen

Diese selbstbewusste Frageform lässt dem Kunden die Wahl zwischen mindestens zwei alternativen Möglichkeiten.

▶ Der Aufbau eines Verkaufsgespräches

Der Verkäufer lenkt das Gespräch in eine Richtung, lässt aber dem Kunden immer noch die Wahl: »Möchtest Du einen Kuss auf den Mund oder lieber auf die Backe?« Diese Frage nimmt aber stillschweigend z. B. die positive *Kaufentscheidung* vorweg. Sie fragen dann nicht mehr, *ob* Ihr Kunde dieses Produkt kaufen möchte, sondern vielmehr, in welcher Ausstattung er es haben will. Dass der Kunde dieses Produkt will, nehmen Sie bereits vorweg.

»Kleines, gehen wir zu dir oder zu mir?« Der Frager setzt voraus, dass der heutige Abend noch nicht vorbei sein wird.

Die Alternativfrage können Sie immer als Hilfe zur Entscheidungsfindung nutzen. Sie überprüfen damit ganz charmant, wie weit Sie im Verkaufsgespräch gekommen sind. Antwortet der Kunde dann: »Lieber in Alu!«, dann können Sie Ihren Verkauf mit einem Auftrag abschließen. Und sollte der Kunde keine der beiden Alternativen wählen, beginnen Sie wieder mit einer offenen Frage: »Was ist Ihnen bei der Auswahl von ... besonders wichtig?«

Die Alternativfragen eignen sich ganz hervorragend, um Ihren Zusatzverkauf anzukurbeln: »Möchten Sie nur ... oder auch ... dazu?« »Genügt Ihnen ... oder möchten Sie auch ... ?«

Suggestivfragen

Eine solche Fragetechnik ist höchst sensibel anzuwenden. Allen ungeübten Verkäuferkollegen rate ich dringend von der Verwendung dieser Technik ab. Denn immer geht es darum, dem Kunden eine bestimmte Antwort in den Mund zu legen. Meistens suggeriert der Verkäufer ein »Ja«. »Sie erwarten doch sicher beste Qualität, nicht wahr?« Oder: »Sie möchten doch sicher nichts Billiges für die Sicherheit Ihrer Mitarbeiter einkaufen, oder?« »Dieses System ist doch sicher das Beste für Ihr Unternehmen, sehen Sie das nicht auch so?«

Solche Fragen behaupten mehr, als dass sie wirklich zur Sammlung von Informationen nutzen. Unsere Kunden treibt es eher in den Widerstand, in die Gegenbehauptung. Wozu wollen Sie das riskieren?

Deutlich günstiger ist es, an dieser Stelle mit einer kleinen Anekdote nachzuhelfen: »Herr Kunde, ich hatte gestern noch ein Gespräch mit einem Kunden, der genau wie Sie Wert auf ... legt. Nachdem wir hin und her überlegt hatten, kam er zum Schluss und sagte, dass er sich nichts Billiges für den perfekten Raumklang leisten wolle.«

Budgetfragen im Projektgeschäft

Sie haben vollkommen Recht, wenn Sie reklamieren, dass diese Frage doch nicht zu den klassischen Fragetechniken gehört.
Im Projektgeschäft ist es häufig so, dass erst bei der genauen Planung und Ausarbeitung des Angebotes mit Ihrem Kunden ein Preis bzw. eine Größenordnung erkennbar wird.

Daher ist die Platzierung der Budgetfrage direkt in die frühe Gesprächsphase der Bedarfsanalyse aber für den gesamten Ablauf unseres Verkaufsgesprächs so wichtig, dass wir dieser Frage eine besondere Bedeutung zuordnen wollen.

Stellen Sie sich vor, Sie haben ein freundliches Gespräch eröffnet, den Bedarf bzw. die Idee Ihres Kunden erkannt, bieten das Beste an, was der Kunde bekommen kann, wollen zum Abschluss kommen, und Ihr Kunde droht plötzlich bei der Nennung des Preises zu kollabieren. Sie sehen Ihren Kunden wirklich betroffen vor sich zusammensacken. Er lässt die Schultern fallen, gibt auf und kommentiert: »Das es so teuer ist, hätte ich nicht gedacht. Es tut mir leid, aber so viel Geld kann ich nicht ausgeben!«

Ist es ein echter Einwand oder nur ein Vorwand? Mit dieser Frage setzen wir uns noch auseinander. Aber denken wir uns einmal, dass der Kunde das, was er sagt, wirklich so erlebt. Dann hätten wir ihn, ohne es zu wollen, frustriert.
Es gibt Kunden, die mit einem seismologischen Gespür aus Ihrer Ausstellung die edelsten und teuersten Stücke herausfinden. Und wenn Sie erst einmal am Zusammenrechnen sind, dann können Sie nicht mehr fragen, wie viel Geld denn Ihr Kunde ausgeben möchte. In dieser späten Phase ist diese Frage eher ein Affront.

▸ Der Aufbau eines Verkaufsgespräches

Es empfiehlt sich bereits zu Beginn der Bedarfsanalyse, die Frage nach dem Budget zu stellen: »Frau Kundin, Sie wünschen sich eine neue wunderschöne Küche. Da gibt es großartige Vorschläge in verschiedenen Preisklassen. Darf ich fragen, was Sie ungefähr anlegen möchten, damit ich Ihnen direkt das Richtige zeigen kann?«

Den Betrag, den Ihr Kunde dann nennt, sollten Sie demonstrativ auf Ihren Sie immer begleitenden Block schreiben. Auf diesem Block steht bereits der Name Ihres Kunden (siehe oben!).
Jetzt notieren Sie kurz die Höhe des Budgetrahmens, so, dass es Ihr Kunde nach Möglichkeit mitbekommt. Wenn er es nicht mitverfolgen kann, dann ist es auch nicht schlimm. Wichtig aber ist, dass diese Zahl das weitere Gespräch mit begleiten kann.
Warum das Ganze? Wenn Sie einmal einen Budgetrahmen genannt bekommen haben, dann ist es für den Kunden wesentlich verbindlicher, sich an seine eigene Vorgabe zu halten und eben nicht am Ende des Gespräches über die Höhe des Gesamtpreises zu diskutieren. Auf Ihrem Block, auf dem Sie sich hier und da Notizen gemacht haben, steht dann auch die genannte Zahl.
Damit wir uns nicht falsch verstehen: Diese notierte Zahl ist kein Beweismittel! Sie können niemals formulieren: »Sie haben eben doch noch gesagt, dass Sie diesen Betrag ausgeben wollen!« Sie zeigen lediglich mit dem Block und Ihrer Notiz, dass Sie gut zuhören und die Sache sehr ernst nehmen.

Auch kann es Ihnen passieren, dass trotz der Vorgabe der Kunde deutlich mehr will. Soll ja so sein. Dann ist es charmant von Ihnen, wenn Sie im Gespräch einen kleinen Hinweis geben können, damit eben der Kunde entweder bewusst eine nächsthöhere Klasse beschreiten oder aber ohne Gesichtsverlust für sich erkennen kann, was geht und was nicht geht: «Herr Kunde, das ist eine sehr gute Wahl. Bitte beachten Sie nur, dass wir dann aber den Rahmen erweitern sollten. Da habe ich eine sehr interessante Lösung für Sie! ... **Die Differenz nehmen wir einfach in eine kleine Finanzierung.** Was halten Sie davon?«

Es gibt Kunden, die nennen keinen Preisrahmen, um sich möglicherweise nicht viel zu früh festlegen zu müssen.

Diese Kunden können Sie fragen, was Sie wollen. Die lassen tatsächlich nichts raus. Schade für Sie. Macht aber eigentlich nicht viel, denn Sie haben ja Ihren Block. Schreiben Sie doch einfach mal »Budget offen« auf Ihren Block, und schauen Sie was passiert. Nicht etwa, dass solche Kunden alles zu jedem Preis einkaufen, aber diesen Kunden wird es nicht mehr zu leicht gemacht, Sie in eine Preisdiskussion zu verwickeln.

Vielleicht wenden Sie ein, dass die Budgetfrage bereits eine Preisdiskussion auslösen wird. Aber genau das Gegenteil ist der Fall. Natürlich sprechen Sie das Geld bzw. die verfügbaren Geldmittel an. Aber Sie verhandeln keinen Preis, weil es noch gar keinen Preis geben kann, oder?

Ohne ein konkretes Produkt kann es kein Billig, Preiswert oder Zu-Teuer geben! Sie nehmen aber mit dieser Frage einen sehr wichtigen Einwand, »zu teuer«, vorweg und vermeiden so, dass Sie am Ende zurückrudern müssen und Ihr Kunde genötigt wird, mit welchen Vorwänden auch immer, das Gespräch beenden zu müssen.

Kaufsignale erkennen

Während wir unseren Kunden die Ausstellung bzw. einzelne Produkte präsentieren, gibt er uns, meist ohne dass er es selbst bemerkt, so genannte Kaufsignale. Sie erläutern bestimmte Eigenschaften Ihrer Produkte und beobachten, dass der Kunde immer wieder leicht mit dem Kopf nickt. Das ist ein Signal für eine Zustimmung. Erreichen Sie bei ganz wichtigen Inhalten immer wieder ein Nicken, dann wissen Sie, dass der Kunde kaufen wird.

Ein anderes Beispiel: Sie besprechen verschiedene Varianten mit Ihrem Kunden. Plötzlich wechselt er das Thema und fragt nach der Verarbeitung oder nach Lieferzeiten. Oder auch solche Fragen, wie: »Welche Kosten kommen auf mich zu, wenn ...« oder: »Wie schnell können Sie liefern?« Das sind eindeutige Kaufsignale. Der Kunde denkt schon einen Schritt weiter und checkt gerade seine Möglichkeiten ab.

Jedes Lob des Kunden zu einem Produkt ist ein Kaufsignal. So beispielsweise: »Das klingt nicht schlecht!«,

»Das hätte ich schon viel früher wissen sollen, dann hätte ich nicht so viel suchen müssen!« oder »Darauf hätten die Hersteller schon längst kommen können, darauf habe ich schon immer gewartet!«

Was bedeutet das für unseren Verkauf?

Fragen Sie bitte jetzt nicht mehr, ob ein Kunde mit Ihnen Geschäfte macht, sondern nur noch, *wie viel* Geschäft er machen möchte. Fragen Sie, wenn Sie möchten, noch alternativ: »Möchten Sie diese Sachen heute schon mitnehmen, oder sollen wir alles zusammen anliefern, wenn die zu bestellende Ware ausgeliefert wird?«

Zu viele Kaufsignale zu übersehen bedeutet meist den Verlust des Auftrages. In der Verkaufstheorie nennt man dieses Phänomen *Overselling*. Der Verkäufer ist so engagiert, dass er gar nicht mehr aufhören kann, seine Produkte in den besten Farben anzupreisen. Der Kunde stimmt ja schon längst zu, aber der Verkäufer will noch bessere Argumente liefern, damit der Kunde jetzt auch *wirklich* weiß, warum er kaufen soll. Und irgendwann kippt das ganze Gespräch, weil es den Kunden verunsichert.

Der Kunde glaubte bis eben noch, dass er gute Gründe habe, dieses Produkt zu kaufen. Durch die weiteren Argumente des Verkäufers werden die Argumente des Kunden im Prinzip infrage gestellt und für nicht ganz so wichtig erklärt. Der Kunde bekommt das Gefühl: »Huch, da hast du doch nicht an alles gedacht, das ist aber kompliziert!«, bittet sich plötzlich noch einmal Bedenkzeit aus, beendet das Gespräch und wird nicht mehr wieder gesehen.

Kleine Einführung in die Körpersprache

Kennen Sie den Unterschied zwischen guten und weniger guten Schauspielern? Es ist die Körpersprache. Immer dann, wenn wir denken, fühlen und sprechen, spricht sozusagen unser Körper mit. Bei schlechten Schauspielern wird das gesprochene Wort durch deren Körpersprache nicht bestätigt. Oder mit anderen Worten: Zwischen verbaler und nonverbaler Sprache gibt es Dissonanzen, die den Gesamteindruck irritieren und unglaubwürdig erscheinen lassen.

▸ Der Aufbau eines Verkaufsgespräches

Zu Beginn des Buches haben wir bereits auf die paradoxen Situationen hingewiesen. Da steht jemand mit verschlossenen Armen und sagt, dass er sich freuen würde, uns endlich wiederzusehen. Dieses Gesamtbild ist nicht stimmig. Interessant ist, dass die körpersprachlichen Zeichen die wahre Aussage zum Ausdruck bringen.

Die Körpersprache kann nicht lügen!

In zehntausenden von Jahren hat es unsere Sprache durch Training und Konditionierung geschafft, unser kompliziertes Zusammenleben mit unseren Artgenossen auf engstem Raum sozusagen erst zu ermöglichen. Dazu gehört es auch, dass der Mensch ab und an sogar die Unwahrheit sagen können muss, um sich selbst zu schützen.

Nach KONRAD LORENZ können selbst Hunde lügen. Diese Vierbeiner haben es in den letzten 15.000 Jahren des Zusammenlebens mit uns Menschen gelernt, zu lügen. Eines Tages, so berichtete KONRAD LORENZ einmal, kam er auf sein Grundstück zu, und sein Hund kam laut kläffend von der anderen Ecke des Gartens auf das Gartentor hinzu gelaufen. Kurz vor dem Tor erkannte wohl der Hund erst sein Herrchen, stoppte, hielt inne, schaute sich um und rannte plötzlich wie von der Tarantel gestochen in die andere Ecke des Gartens und kläffte den Zaun an. Lorenz interpretierte das Verhalten so: Als der Hund erkannte, dass er irrtümlich seinen Herrn wütend beschimpft hatte, war im das so peinlich, dass er den Ausweg der Lüge wählte. Er lief los und *sagte*: »Schau Herrchen, gut, dass du da bist. Ich halte hier Wache, das weißt du doch. Hier, hinter dem Zaun, da ist hier gerade einer gewesen!«

Das Interessante ist, das wir die verbale Sprache perfektionieren konnten, hingegen folgt unser körperliches Auftreten unserer Stimmung und unseren Gedanken.

Gute Schauspieler sind in der Lage, nicht nur Texte und Handlungen zu erlernen, sondern vielmehr sich in ihrem Spiel so sehr in die Rolle zu begeben, dass sie voll und ganz nur noch die Person sind, die sie spielen sollen. Sie spielen nicht den Schurken, sie sind es!

Sie spielen keine Angst, Leidenschaft und was auch immer, sondern sie fühlen es durch und durch. Und letztlich sorgt dieses Hineinversetzen für ein authentisches Spiel.

Können wir Körpersprache lernen? Sollten wir Körpersprache erlernen, um mit noch perfekterer Miene unsere Ware stärker verkaufen zu können?

Fragen wir unser Eisbergmodell, dann kann die Antwort nur ein eindeutiges *Nein* sein. Denken wir uns, dass die Körpersprache unserem 90%igen Bauchprinzip Ausdruck verleiht. Macht es dann Sinn, denn 10%igen Verstand mit dem Training der Körpersprache zu beauftragen?

Unser eigenes körpersprachliches Erscheinungsbild können wir aus meiner Sicht am allerbesten optimieren, indem wir unseren Bauch, unsere Art zu denken und unsere Gefühlswelt positiv beeinflussen. Wir können mit guter seelischer Kost unsere Seele füttern, damit unser Ausdruck friedvoller und freundlicher wird.

Wir können es uns, in der Metapher unseres Wendemännleins gesprochen, einfach untersagen, negativ über andere Menschen zu denken, dann wird unser Körper in seiner Sprache nichts anderes als Wertschätzung ausdrücken können.

Unseren Kopf können wir nutzen, um die unbewusste Sprache des Gegenübers griffiger zu entschlüsseln.

Sie sitzen mit Ihrem Kunden am Tisch und arbeiten mit ihm ein Finanzierungskonzept aus. Sie fragen etwas: »Was halten Sie von folgender Variante?« Der Kunde sagt erst einmal nichts und lässt sich in seinen Stuhl zurückfallen.

Das sind spontane Reaktionen, die Sie sehen sollten. Halten Sie inne und fragen Sie lieber nochmals nach. Das Zurückfallenlassen bedeutet entweder Nachdenken über Ihren Vorschlag oder eine Distanzierung zu Ihrem Konzept. Wenn Sie jetzt einfach weiterreden würden, so würde der Kunde Ihnen aber nicht mehr folgen wollen oder folgen können.

Umgekehrt ist es ebenfalls möglich, dass der Kunde, ganz entspannt im Stuhl zurückgelehnt, Ihren Ausführungen folgt. Sie aber bemerken, dass irgendwie der zündende Funke fehlt. Jetzt stellen Sie eine oder zwei offene Fragen, und plötzlich setzt sich der Kunde aufrecht an Ihren Tisch. Das sollten Sie registrieren. Denn er will sagen: »Das interessiert mich aber jetzt!«
Wendet sich ein Kunde gedankenverloren ab, dann lassen Sie ihn einen Moment in seinen Gedanken. Vielleicht fragen Sie nach einer kurzen Verweildauer, welche Informationen er gerade benötigt oder mit welcher Frage er sich beschäftigt.

Wiederholungen sind besonders wichtig

Der Kunde erklärt Ihnen: »Schauen Sie, ich möchte mit der Wahl des Konzeptes vor allem ein Höchstmaß an Sicherheit realisieren. Ich möchte ein Höchstmaß an Sicherheit realisieren!«
Ich weiß, wenn man diese Sätze so liest, dann fallen diese beiden annähernd gleichen Sätze, also die Wiederholung, fast wie unbeholfen auf. Sie werden sich aber wundern, wenn Sie einmal nur einen Tag lang genau darauf Acht geben, wie häufig Menschen Sätze oder Halbsätze unmittelbar wiederholen. Das Verblüffende ist, dass es denen, während sie reden, gar nicht auffällt und es nicht bewusst eingesetzt ist.

Wenn Sie mit einem Computer Textdokumente anfertigen, dann kennen Sie die Funktionen, wie **Fettdruck**, *kursive Schrift* und Unterstreichungen. Und diese Funktionen aktivieren Sie erst, wenn es wichtige Stellen im Text gibt, die der Leser doch bitte unbedingt zu beachten hat. Und genau so können wir Wiederholungen im Gespräch verstehen.

Wiederholungen sind verbale Unterstreichungen!

Dann macht es wirklich keinen Sinn, beispielsweise dem Kunden zu erwidern: »Herr Kunde, das sagten Sie eben bereits!« oder: »Glauben Sie mir, ich habe Sie schon verstanden!«

Nochmals: Der Kunde weiß in aller Regel nicht, dass er einen Satz wiederholt hat. Nur weil sein *Bauch*, das *unbewusste Prinzip,* ihm sagte:

»*Sag das lieber noch einmal, das ist wichtig!*«, wiederholt er seinen Satz. Der Kunde wiederholt nicht, weil er Sie für unfähig hält, sondern nur deswegen, weil es *ihm* von Grund auf so wichtig ist!

Das ist eine wunderbare Gelegenheit für alle Verkäufer, die um den Eisberg wissen und diesen in die tägliche Arbeit einbauen: »Herr Kunde, ich höre heraus, dass Ihnen vor allem *die Sicherheit ganz wichtig* ist. Ich mache mir direkt eine Notiz!« Der Verkäufer, der bekanntlich ja schon einen Block bei sich hat, auf dem bereits der Namen seines Kunden steht, der wird tatsächlich sich diesen Begriff *Sicherheit* notieren. Und weil er schon beim Schreiben ist, fragt er mit einer offenen Frage weiter: »Neben der Sicherheit, was ist Ihnen noch wichtig?« Wenn der Kunde antwortet, dann ist es wie eine Verfahrensanweisung für einen perfekten Verkauf. Sollte der Kunde nicht so recht wissen, was er noch beschreiben sollte, weil es ihm nur auf die Sicherheit ankommt, dann kann der Verkäufer mit Alternativfragen das Produkt wunderbar eingrenzen: »Okay. Bedeutet für Sie Sicherheit, dass Sie eher einen Allradantrieb bevorzugen, oder reicht Ihnen auch ein gehobenes Sicherheitspaket aus?« ...

Kommentieren Sie bitte immer die Wiederholungen Ihres Kunden mit: »Ich höre heraus, dass es Ihnen besonders wichtig ist!« Das zeigt dem Kunden, dass Sie wirklich gut zuhören und dass Sie an seinem Wohl interessiert sind.

Bitte erlauben Sie mir dieses Bild:

Das geht zu 100% direkt durch die Blutbahn in den Bauch!

Die Angebotsphase

Diese Phase setzt, wie wir bereits ausgeführt haben, eine erfolgreiche Eröffnungsphase und eine sehr gute Bedarfsanalyse voraus. Ein Angebot zu unterbreiten, nachdem man kurz einen *Guten Tag* gewünscht hat, ist genauso aussichtsreich, wie wenn sich zwei fremde Menschen gegenseitig vorgestellt werden und der eine den anderen unmittelbar fragt: »Darf ich Sie küssen?«

»Herr Kunde, dieser Schrank kostet, wie er da steht, 1.750,00 €!« »Na toll ...«, denkt der Kunde, »... was habe ich davon?«

Mit den Ergebnissen aus der Bedarfsanalyse, nämlich herausgefunden zu haben, welche Idee unser Kunde realisieren möchte, können wir nun unser Produkt verknüpfen – sprich: anbieten.

Besser also: »Herr Kunde, für Sie ist es wichtig, einen soliden Schrank in Massivbauweise anzuschaffen. Hier sehen Sie ein System, welches nahezu keine Wünsche mehr offenlässt. Dieses System ist so stabil gebaut, dass Sie auch nach 20 Jahren immer noch Spaß an diesem Schrank haben werden!«

Die Idee des Kunden bzw. den Kundennutzen mit dem Produkt in Beziehung zu setzen, das nennen wir Kundennutzenargumentation. Schon das Wort wirkt furchtbar theoretisch. Rein praktisch ist es nichts anderes, als dem Kunden die richtigen Fragen zu stellen (Ideensuche) und die Antworten dann liebevoll für den Kunden in ein oder zwei Sätze *zu verpacken*.

Von Einwänden und Vorwänden

Denken Sie sich einmal, was passieren würde, wenn unsere Kunden eines Tages keine Einwände mehr hätten. Was wäre los? Oder, was würde dann geschehen? Wahrscheinlich würden die allermeisten Verkäufer *umschulen* müssen, um nur noch *Verteiler* zu werden. Verkäufer in Perfektion bräuchte niemand mehr.

Jetzt seien Sie bitte nicht verunsichert. Das wird nie und nimmer geschehen. Unseren Kunden fällt immer etwas Passendes oder Unpassendes kurz vor Abschluss ein.

Bedenken wir noch einen anderen Aspekt: Was glauben Sie, was ist das Schlimmste, was in einer Beziehung passieren kann? ... Na? Sie liegen richtig:

Das Aus einer jeden Beziehung beginnt mit der Sprachlosigkeit!

› Der Aufbau eines Verkaufsgespräches

Einwände sind nicht sprachlos. Einwände signalisieren immer auch eine Bereitschaft, sich mit Ihnen und Ihrem Angebot auseinanderzusetzen. Ich finde es in einem Gespräch beinahe unerträglich, wenn der Kunde keine Fragen hat.

Kundeneinwände bedeuten Kundeninteresse.

Jetzt gibt es, bevor wir uns mit einer sinnvollen Einwandbehandlung auseinanderzusetzen haben, noch einen wesentlichen Unterschied zu klären.

Der *Einwand* kommt beinahe in jedem Verkaufsgespräch vor. Der Einwand bedeutet, wie wir oben gesehen haben, Interesse. Da setzt sich Ihr Kunde mit Ihrer Argumentation auseinander. Da bedeutet der Einwand, dass ihm, dem Kunden, längst noch nicht alles klar ist bzw. dass es noch in wesentlichen Fragen Klärungsbedarf gibt.

Vorwände sind auf den ersten Blick nicht von den Einwänden zu unterscheiden. Das macht die Sache nicht gerade einfach. Worum es beim Vorwand aber geht, ist, dass der eigentliche ablehnende Grund nicht benannt wird. Stattdessen wird ein Argument ersatzweise vorgeschoben. Dies bedeutet, dass der als Einwand vorgetragene Aspekt überhaupt nicht der springende Punkt ist.

Würden wir als Verkäufer diesen »Einwand« dann versuchen zu entkräften, so würden wir immer neue Vorwände *produzieren*, die mit dem ersten Vorwand schon lange nichts mehr zu tun haben müssen.

Ein Beispiel: Sie beraten Ihren Kunden gut. Alles stimmt, bis Sie zu der Frage aller Fragen kommen. Sie wollen abschließen. Jetzt wendet der Kunde ein: »Lieber Herr Verkäufer, ich weiß nicht so recht, aber diese Stereoanlage möchte ich lieber rot lackiert haben!«

Wäre dieser Einwand tatsächlich ein Einwand, dann hätten Sie noch eine Chance, indem Sie entweder einen roten Farbton finden oder den Kunden möglicherweise doch auf schwarz umstellen.

Vielleicht ist es aber ein Vorwand? Dann wird die Suche nach einem roten Farbton nichts bringen, dann sind weitere Varianten ebenfalls nicht gefragt. Und wenn Sie glauben, Sie hätten nun eine wirklich gute Alternative zu seinem Wunsch gefunden, wird er plötzlich abwiegeln und Bedenkzeit erbitten, oder was auch immer.

Ein klassisches Beispiel ist das mit dem Preis. Der Kunde sagt: »Das ist mir aber zu teuer!« Was ist das jetzt? Ist es ein Einwand oder ein Vorwand? Bei einem Vorwand würde sich jede Preisverhandlung verbieten. Selbst wenn Sie den Kunden mit Prozenten überschütten würden, er würde nicht kaufen! Weil der Vorwand, wie wir wissen, nicht den tatsächlichen Grund beschreibt. Es geht ja nicht *wirklich* um den Preis.

Vielleicht geht es um die Frau zu Hause, vielleicht traut sich unser Kunde nicht zu sagen, dass er eigentlich überhaupt nichts kaufen wollte, weil er nicht entscheiden darf, vielleicht hat er sich hoffnungslos überschätzt? Vielleicht hat er sich über irgendetwas geärgert, was er uns aber nicht mitteilen möchte. Kann alles sein. Wir werden es niemals herausfinden können!

Es gibt eine gute Fragetechnik, die uns eindeutig Klarheit über Ein- und Vorwand verschaffen kann, das ist die Wenn-überhaupt-Frage!

»Herr Kunde, Sie sprechen den Preis an. Sie haben Recht, es ist sicher nicht wenig, was hier zusammengekommen ist. (Jetzt kommt die Fragetechnik) Mal angenommen, wir finden preislich eine Lösung (Das ist das *Wenn!*), was wäre sonst noch zu besprechen?« (Das ist das *Überhaupt!*). Antwortet nun der Kunde konkret: »Also, Herr Verkäufer, wenn Sie wirklich noch etwas am Preis machen können, dann kommen wir ins Geschäft.« Diese Antwort macht es eindeutig: Dieses »Zu-Teuer« ist ein Einwand (ein echtes Gesprächsinteresse) gewesen, den Sie vielleicht entkräften können, wenn Sie wollen.

› Der Aufbau eines Verkaufsgespräches

Beispielsweise können Sie die Verarbeitung, die Sonderausführung oder notfalls einen Preisnachlass ins Felde führen. Vielleicht sind Sie so geschickt, dass Sie dem Kunden einen Nachlass nur über ein Zusatzgeschäft in Aussicht stellen?

Antwortet der Kunde aber ausweichend: »Herr Verkäufer, was mir auch nicht gefällt, ist ...«, dann wissen Sie, dass jede Aktion in Sachen nachträglicher Preisgestaltung überhaupt nichts einbringen wird. Egal welchen Preis Sie nun ausrechnen, unabhängig, in welcher Höhe Sie rabattieren und welche Sonderaktion Ihr Verkaufsleiter ausrufen würde: Ihr Kunde wird nicht kaufen, weil dieser Vorwand nicht den eigentlichen Grund beschreibt!

Nicht immer werden Sie erkennen dürfen, was sich hinter den Ein- oder Vorwänden Ihrer Kunden verbirgt. Nur eines sollten wir als Verkäufer wissen, nämlich einen Kundeneinwand negieren Sie niemals, wenn Sie nicht erkennen, worum es wirklich geht. Es kommt immer auf die Unterscheidung an!

Als sehr gute Einwandbehandlung bieten sich die Fragen an: »Welche Informationen benötigen Sie noch?« oder »Welche Fragen sind noch offen?« Es gibt Einwände oder Vorwände, die so ultimativ sind, dass sie eigentlich jedes Gespräch beenden und alle weiteren Bemühungen infrage stellen. »Herr Verkäufer, ich sehe dafür keine Notwendigkeit ...!« Oder: »Herr Verkäufer, ich möchte erst noch die Unterlagen prüfen und mich dann nächste Woche entscheiden!«
Sie kennen das doch aus Erfahrung: In den allermeisten Fällen kommen solche Kunden nicht wieder. Und das sind eben genau diese Fälle, die wir weiter oben mit dem Vorwand beschrieben haben. Und noch eins kennen Sie: Hinterher ist man immer schlauer!

Aber: Wenn wir solche *Gesprächskillereinwände* einmal nicht zum Anlass der Gesprächsaufgabe nehmen würden und würden stattdessen fragen, was dem Kunden gerade durch den Kopf geht oder mit welcher Frage er sich beschäftigt, dann hätten wir zumindest eine gute Chance, aus einem eventuellen Vor- oder Einwand Umsatz zu machen.

Antwortet der Kunde mit einer nicht abweisenden Antwort, dann haben wir jetzt noch einmal die Möglichkeit, ins Gespräch zurückzukommen.

Weitere Beispiele zu möglichen Einwänden

Sie haben dem Kunden die Vorteile einer Teilzahlung erläutert. Der Kunde wendet ein: »Der Zinssatz ist aber viel zu hoch!« Erinnern Sie sich bitte noch einmal an die Unterscheidung zwischen Ein- und Vorwänden. Sollte es sich hier um einen Vorwand handeln, dann kommen Sie mit einer Einwandbehandlung nicht weiter! Die erste Frage dient also zur Klärung, ob es sich um einen Ein- oder Vorwand handelt: »Angenommen wir finden für den Zinssatz eine Lösung, sollen wir dann eine Anfrage an die LBB starten?« Antwortet nun der Kunde mit: »Ja gerne«, dann wissen Sie: Es ist ein Einwand! Würde er ausweichend zum Beispiel antworten: »Gut, der Zinssatz ist die eine Seite der Medaille, dann müssen wir aber noch … besprechen!«, dann ist es ein Vorwand.

Die erste Frage ist geklärt, es ist also ein Einwand. Im nächsten Schritt sollten wir prüfen, dass nicht Äpfel mit Birnen verglichen werden. Also prüfen wir nach, mit welchem Zinssatz der Kunde vergleicht: »Mit welchem Zinssatz vergleichen Sie, Herr Kunde?« Oft genug vergleicht der Kunde eine kurzfristige 0,x-%-Finanzierung mit einer langfristigen Finanzierung, die nur selten unter einer effektiven Verzinsung von 10 % zu bekommen ist.

Und nun zu einer möglichen Einwandbehandlung »Der Zinssatz ist aber viel zu hoch.« »Herr Kunde, Sie haben sich da ein wunderschönes Auto ausgesucht. Darf ich fragen, was möchten Sie pro Monat für dieses Auto zurücklegen? … Zu den Zinsen beachten Sie bitte, dass ab einer Laufzeit von mehr als drei Jahren die Inflationsrate höher als Ihre Verzinsung ist!«

Ein anderer Kunde wendet ein: »Bei meiner Hausbank bekomme ich das Geld billiger!« Erste Stufe (Ein- und Vorwandidentifikation): »Ganz wichtiger Hinweis, den Sie da ansprechen. Mal angenommen unser Angebot wäre günstiger als das Angebot Ihrer Hausbank, sollen wir dann eine Anfrage an die LBB starten?«

› Der Aufbau eines Verkaufsgespräches

Stellen Sie sich vor, der Kunde würde plötzlich antworten: »Das dauert mir aber viel zu lange!« Dies ist der erste Hinweis, dass es sich wohl nicht um einen günstigeren Zinssatz seiner Hausbank, sondern um andere Aspekte handelt. Jetzt sollten Sie nicht mehr über Zinssätze, sondern vielmehr über das überaus schnelle und unkomplizierte Anfrageverfahren sprechen.

Antwortet der Kunde, dass er mit einer Anfrage einverstanden sei, wenn Ihr Angebot günstiger ist, dann ist es ein Einwand gewesen.
»Herr Kunde, wir verkaufen keine Finanzdienstleistungen! Was uns in unserem Haus wichtig ist, ist, dass Sie die richtige Auswahl treffen, sehr zufrieden sind und uns weiterempfehlen. ... Unser Chef sagt immer: »Nur ein glücklicher Kunde ist ein guter Kunde!« ... Wenn Sie einverstanden sind, dann lassen wir doch einmal eine Anfrage starten. Welchen Betrag möchten Sie pro Monat für Ihr neues Wohnzimmer zurücklegen? ... Wir lassen uns das ausrechnen, und Sie werden sehen: Kurz- und langfristig werden wir besser sein, als Ihre Hausbank.«

Die Abschlussphase

Ob Sie es glauben oder nicht: Vom Eisberg aus betrachtet ist die Abschlussphase tatsächlich die unbedeutendste überhaupt. In dieser Phase bekommen Sie mit, ob Sie in allen vorherigen Phasen eine wirklich gute Arbeit gemacht haben. Die Stimmung ist gut, der Kunde weiß, dass Sie ihn wertschätzen, und Sie haben die Idee des Kunden verstanden und helfen ihm, seine Wünsche zu realisieren.

Interessanterweise haben die allermeisten Verkäufer vor diesem Abschluss die größte Furcht. Wie kann das sein?

Kämen Sie jemals beim Erhalt Ihres Monatslohns auf die Idee, dass Ihnen das Geld nicht zustünde? Sie machen Ihre Arbeit gut. Sie sind freundlich, aufmerksam und erfüllen die Wünsche Ihres Chefs. Warum sollten Sie also auch nur einen Augenblick an der Rechtmäßigkeit Ihres Lohnes zweifeln? Dass Sie Ihr Gehalt bekommen, ist das Normalste und das Selbstverständlichste, was Sie sich denken können.

Ach, übrigens: Wer bezahlt eigentlich Ihr Gehalt? Besser noch: Wer ist eigentlich Ihr Chef? ... Das ist Ihr Kunde, nicht wahr?

Der Kunde zahlt Ihnen den Lohn, der Kunde bestimmt über Ihre Zukunft im Unternehmen, und der Kunde entscheidet, ob Sie als Unternehmer erfolgreich werden oder nicht.

In diesem Bild gesprochen ist es für Sie nur zu selbstverständlich, dass der Kunde Sie mit seinem Abschluss entlohnt, oder? Sie haben eine tolle Arbeit gemacht. Sie sind höflich und aufmerksam, Sie konzentrieren sich, und keine Mühe ist Ihnen zu viel – dann dürfen Sie doch auch Ihren Lohn dafür bekommen.

Viele Seminarteilnehmer haben kein Problem, sich vorzustellen, dass der Kunde sozusagen der wirkliche Chef ist. Aber schlussendlich nach dem Auftrag zu fragen, das macht ihnen am meisten Schwierigkeiten.

»Herr Kunde, kommen wir nun zum wichtigsten Punkt, Sie müssen nur noch hier unterschreiben!« Mit einer solchen Formulierung stellt sich der Verkäufer selbst ein Bein.

Schon die Unterschrift *wichtig* zu nennen, macht dem Kunden im Bauch Angst (das sind 90 % Kaufentscheidung). Je wichtiger eine Sache wird, desto länger möchten wir überlegen können. »Habe ich lange genug überlegt?«, wird sich der Kunde unbewusst oder sogar bewusst fragen. »Habe ich an alles gedacht? Hoffentlich habe ich nichts Wichtiges übersehen!« Der Kunde ist verunsichert. Als Zweites befindet sich unser Kunde unversehens in einer Zwangslage, weil er unterschreiben muss! Niemand möchte gerne etwas *müssen*. Dieses Müssen provoziert immer den Widerspruch. Ob nun bewusst oder unbewusst, der Kunde wird in Abwehrhaltung gehen.

Ist die Absicht des Kunden, zu kaufen, klar, dann brauchen wir nichts weiter zu tun, als in dieser Klarheit einfach abzuschließen. Zeigen Sie Ihrem Kunden, was er jetzt erreichen wird: »Herr Kunde, das ist ein sehr gutes Konzept.« Sie reichen freundlich Ihrem Kunden den Stift, den Kaufvertrag und nichts ist selbstverständlicher als der Abschluss.

Der Kunde schaut sich den Vertrag an und unterschreibt. Dann bestätigen Sie bitte seine Entscheidung: »Sie werden sehr zufrieden sein.«

Die Preispräsentation

»Das kostet Sie 400,00 €. ... Kaufen Sie jetzt, ja oder nein?« »Was für ein Angebot?«, werden Sie sich fragen. Ist es teuer oder billig? Sie wissen es nicht. *Und da Sie es nicht wissen, wird* das Angebot *immer* zu *teuer* bleiben!

Vielleicht hätte ich Ihnen für 400,00 € zwei Wochen Urlaub in der Südsee angeboten. Ein Urlaub, wie ihn so schnell kein Zweiter macht. Erholung pur, weißer Strand, kristallklares Wasser, nur Sonne und die allerschönsten Menschen weit und breit. Na, noch zu teuer?

Erinnern Sie sich noch: Was kauft der Kunde wirklich? Der Kunde kauft kein Produkt, keinen Preis und keinen Rabatt. Der Kunde möchte seine Idee verwirklicht finden.

Der Kunde fragt: »Was kostet dieses Produkt?« Jetzt können wir einwenden und behaupten, dass der Kunde doch schon wisse, was er wolle, und er will nur noch den Preis wissen. Richtig? Nein, nicht richtig!
Denn *erstens* wissen wir noch nicht, was der Kunde *wirklich* sucht. Der Kunde sagt zwar *Schranksystem*, aber welche Idee steckt dahinter? Möchte er Stauraum kaufen? Möchte er Image? Ist es Komfort, den er sucht?
Und zweitens können Sie bei fehlender Produktidee keinen Preis qualifiziert präsentieren. Dies lässt doch nur den Schluss zu, dass es niemals eine Preisnennung *vor* der Analyse der Idee des Kunden geben darf, weil der Gegenwert zum Kaufbetrag nicht darzustellen ist, oder?

Ein Beispiel: »Das System XY kostet 800,00 €.« Für jemanden, der einfach nur einen Schrank kaufen will, ist das zu teuer. Für einen anderen Kunden, der auf Schönheit und Behaglichkeit achten möchte, ist es beinahe ein Schnäppchen. Ich als Verkäufer muss wissen, worum es für diesen einen Kunden geht!

Sie haben keinen Preis, sondern Ideen für Ihre Kunden zu verkaufen!

▸ Der Aufbau eines Verkaufsgespräches

Stellen Sie sich vor, wie es wirkt, wenn Sie stattdessen präsentieren: »Guten Tag, Herr Kunde, Sie interessieren sich für dieses Produkt. Besten Dank. Wie kommen Sie gerade auf dieses Produkt?« Vielleicht antwortet der Kunde, dass er dieses Produkt spontan toll findet. Klasse, denn jetzt können Sie fragen, *was* er so toll findet. Das gibt Ihnen Hinweise auf seine zugrunde liegende Idee.
Und wenn der Kunde erklärt, dass er das Produkt bereits kenne und nur den Preis wolle, dann wissen Sie: Jetzt ist es *High Noon*. Der Kunde möchte sehr wahrscheinlich Preise von Mitbewerbern gegen Sie ausspielen. Sie können das mitmachen, aber denken Sie daran, es muss sich auch für Ihr Haus lohnen.

Dies soll bedeuten, dass Sie nur etwas von sich geben, wenn Sie auch etwas dafür zurückerhalten können.

Professionelles Verkaufen:
kein Zugeständnis ohne Gegenleistung

Vielleicht winkt noch ein Zusatzgeschäft?

Es gibt noch einen weiteren ganz praktischen Grund, auf eine *Eilanfrage* eben nicht mit einem nackten Preis als Information zu antworten: Das sind Ihre *anderen* Kunden! Ob Sie Ihre anderen Kunden sehen oder nicht, überall sind Ohren, und überall wird mit Entsetzen oder Vergnügen Ihre Reaktion auf die Preisfrage verfolgt.

Stellen Sie sich das einmal vor: Sie sind Kunde, fühlen sich wohl, werden gut beraten, möchten auch Ihr gutes Geld im Handelshaus lassen – und dann bekommen Sie mit, wie ein anderer Verkäufer mit einem Kunden ein wirklich schlechtes Gespräch führt. Vielleicht noch schlimmer: Ein anderer Kunde tritt forsch und unangenehm auf und bekommt doch tatsächlich ein wesentlich besseres Preiszugeständnis, als Sie es bekommen haben oder noch bekommen werden. Was denken Sie dann?

Wenn es Ihre Aufgabe als Verkäufer wäre, schlichte Preisauskünfte zu geben, dann bräuchte Sie Ihr Arbeitgeber nicht mehr.

> Der Aufbau eines Verkaufsgespräches

Denn Computerterminals können das tausendmal schneller, sind weniger launisch und nahezu 365 Tage im Jahr ohne Urlaubsanspruch einsetzbar. Unsere Aufgabe ist aber genau diese, auf solche Anfragen eben *nicht* direkt zu antworten, sondern ein Verkaufsgespräch aufzubauen. Dies geht zugegebenermaßen nicht immer, aber immer öfter.

Der Kunde möchte aber nun den Preis wissen. Er soll ihn haben. Aber nur dann, wenn Sie so weit sind. Dies soll bedeuten, dass Sie den Preis nur dann präsentieren, wenn Sie sicher sind, dass Sie auch wirklich die Idee des Kunden getroffen haben. Wenn Sie nicht ganz sicher sind, dann fragen Sie lieber vor der Preisnennung noch einmal nach: »Herr Kunde, für Sie ist bei der Wahl einer Stereoanlage der Bedienkomfort wichtig. Habe ich das so richtig verstanden?«

Sie haben sich rückversichert oder wissen, was der Kunde sucht. Jetzt bekommt Ihr Kunde auch den Preis, wie selbstverständlich. So selbstverständlich, wie Sie Ihr Gehalt bekommen werden: »Herr Kunde, dieses Gerät ist wirklich erste Sahne. Die Anlage wurde in Deutschland hergestellt, die Anlage ist wirklich wunderschön, das System kostet 3.085,00 € inkl. der handgefertigten Boxen, der Klang ist umwerfend, und der Hersteller XY ist die Nummer eins auf dem Markt!«

Nennen Sie niemals einen Preis nackt!

Jeder Preis, wenn er alleine steht, reduziert Ihr Geschäft einzig auf den Preis. Die Bedeutung des Preises wird viel zu sehr in den Vordergrund gestellt. Denn wir wissen bereits, dass Kunden keine Preise kaufen, sondern ...

Die Rabattfrage

»Lässt sich am Preis noch etwas machen?« Diese Frage hören Sie täglich. Antworten Sie einfach nur *nein*, dann gibt es zahllose Kunden, die das nicht verstehen können, sich nicht berechtigt und unverstanden vorkommen müssen. Denn in einer Zeit, in welcher Geiz nur noch *geil* ist, da darf man doch mal fragen. Es gibt auch Kunden, die niemals nach Rabatten fragen. Die sind nicht ganz so häufig, aber es gibt sie.

▶ Der Aufbau eines Verkaufsgespräches

Bei solchen Kunden müssen wir beachten, dass jeder Hinweis auf Rabatte nicht sinnvoll ist. Es gibt Kunden, für die sind Rabatte eher billig. Das möchten die nicht. Also:

Rabatte werden immer erst vom Kunden thematisiert!

»Also, lässt sich am Preis noch etwas machen?« »*Herr Kunde, die Preise, die wir Ihnen hier anbieten, sind, wie Sie sehen können, tatsächlich sehr knapp kalkuliert. Übertuerte Preise vergraulen unsere Kunden. Das können Sie sich sicher vorstellen.*«

Beobachten Sie Ihren Kunden, wenn Sie so etwas sagen. Vielleicht sehen Sie, dass Ihr Kunde, während Sie Ihre Antwort geben, kurz auf den Boden schaut. Dies ist ein wichtiger Hinweis, dass Ihrem Kunden sein eigenes Ansinnen eher unangenehm und peinlich ist. Bei solch einem Kunden brauchen Sie nur wenig bis gar nicht mit Rabatten zu reagieren.

Einige Kunden schauen Sie erwartungsvoll mit einem Lächeln an, wenn Sie um Rabatte fragen. Das sind Kunden, die ein wenig pokern und Spaß beim Einkaufen suchen. Diese Kunden möchten *schlau* sein. Sie kennen das doch, da wird geworben mit: »Ich bin doch nicht blöd!«, und im Umkehrschluss ist der schlau, der billig einkauft. Für solche Kunden ist es einfach nur spannend, zu sehen, dass sie selbst eine Wirkung auf Sie haben und wie Sie darauf reagieren.

Der Rabatt ist immer ein Ausgleich für eine Gegenleistung des Kunden!

Begeisterte Kunden feilschen nicht!

Dass unsere Kunden mit uns und unserem Angebot zufrieden sind, das ist das Normale. Auch dass andere Handelshäuser zufriedene Kunden haben, ist ebenfalls leicht vorstellbar.

▶ Der Aufbau eines Verkaufsgespräches

Kunden allerdings zu *begeistern*, dass ist nicht Standard, das ist nicht das Übliche. Stellen Sie sich vor, dass es Ihnen gelingt, Ihre Kunden zu begeistern. Dann werden Sie feststellen, dass Ihre Kunden Ihre Preisgestaltung auch akzeptieren werden. Ihre Kunden haben kein Interesse, Ihre Preise zu demontieren. Wozu auch? Diese Kunden sind wie wandelnde Litfaßsäulen. Man spricht über Sie und empfiehlt Sie weiter.

Grundsätzlich entsteht Begeisterung, wenn Ihr Kunde etwas mehr erhält, als er eigentlich erwartet hat. Geben Sie ihm *persönliche Zuwendung* und *Anerkennung*. Sorgen Sie dafür, dass wirklich jeder in Ihrem Unternehmen *freundlich* ist und *lächeln* kann. Zeigen Sie *Hilfsbereitschaft* und *Einfühlungsvermögen*.
Vielleicht sprechen Sie Ihre Kunden mit Namen an? Vielleicht gibt es einen Kaffeeautomaten, der kostenlos von Ihren Kunden genutzt werden darf?
Es gibt ein wunderschönes Beispiel, wie Sie Ihre Kunden begeistern und binden können. Bitte beachten Sie, dass Sie natürlich diese Technik nicht unbegrenzt in jedem Gespräch anwenden können. Aber denken Sie sich, Sie würden je nach Stimmung und bei gutem Gefühl bei einem aussichtsreichen Kunden Folgendes ausprobieren:

Mitten in einem Gespräch, also einem voraussichtlich länger dauernden Beratungsgespräch, unterbrechen Sie das Gespräch unvermittelt nach etwa fünf bis maximal zehn Minuten. »Herr Kunde, darf ich kurz fragen, ob es Ihnen recht ist, dass ich schnell ein Stückchen Traubenzucker esse? … Der Tag ist lang und irgendwie ist mir etwas schummrig.«

Natürlich wird jeder Kunde der Welt zustimmen, was sonst?

Jetzt kommt Ihr Einsatz. Sie ziehen aus der Tasche oder Schublade nicht ein, sondern zwei Traubenzuckertäfelchen, reichen eines an den Kunden weiter und sprechen: »Herr Kunde, schauen Sie mal, ich habe sogar zwei davon. Möchten Sie auch eines?« Das schafft Vertrauen und schafft Freundschaft. Das Teilen von Nahrung wirkt immer auch symbolisch; nicht im Kopf, sondern im Bauch! Ihr Kunde wird begeistert sein.

Jetzt sagen Sie nicht, dass das nicht sein könne, weil der Traubenzucker eher billig sei. Probieren Sie es einfach. Es wirkt Wunder!

Zwei Fallbeispiele

Zum Abschluss dieses großen Kapitels möchte ich Ihnen zwei praktische Verkaufsgespräche vorstellen und anschließend mit Ihnen besprechen.

Herr Lüdenscheid ist auf der Suche nach einem neuen Wohnzimmer. Er denkt sich: »Ich möchte etwas Besonderes und möchte eine persönliche Beratung, also gehe ich nicht direkt zum größten Möbelhändler am Ort, sondern ich suche mir ein etwas kleineres Haus aus, da gibt es die beste Beratung.«

Unser Kunde betritt das Geschäft und sieht an dem Informationsstand einen Herrn, der noch im Gespräch mit einem anderen Kunden ist. Er wartet höflich und hofft, dass dieser Herr ihn gleich bemerken wird.

Der Herr an dem Infostand dreht sich unvermittelt zu unserem Kunden und schaut ihn auffordernd und erwartungsvoll mit hochgezogenen Augenbrauen, großen Augen und leicht geöffnetem Mund an.

Kunde	»Guten Tag, ich suche jemanden, der mir etwas zu Ihren Wohnzimmern zeigen kann.«
Info-Herr	»Das macht unser Herr Schmitz.«
Kunde	» ... Und wo finde ich Ihren Herrn Schmitz?«
Info-Herr	»Normalerweise ist der ab 10:00 Uhr in der Abteilung. Schauen Sie doch einfach mal in der Abteilung nach. Durch den Gang geradeaus durch und den vorletzten Quergang links. Können Sie überhaupt nicht verfehlen. Dort müssten Sie noch einmal fragen!«

Der Kunde geht durch den Hauptgang, kommt zum vorletzten Gang, orientiert sich links – niemand da. Er schaut sich etwas ratlos um.

Da kommt ein Verkäufer auf ihn zu.

▸ Der Aufbau eines Verkaufsgespräches

Verkäufer	»Kann ich Ihnen helfen?«
Kunde	»Äh ja, ich glaube schon.«
Verkäufer	»Was darf es denn sein?«
Kunde	»Ich suche Ihren Herrn Schmitz.«
Verkäufer	»Der ist in Urlaub. Kann ich Ihnen weiterhelfen?«
Kunde	»Ich möchte mich zu Ihren Wohnzimmern schlaumachen!«
Verkäufer	»Ach was? Das wollen alle hier«, der Verkäufer lacht.«
Kunde	»Ja, klar, schauen Sie, ich möchte ein neues Wohnzimmer einrichten. Es soll gemütlich und doch auch sehr präsentabel sein.«
Verkäufer	»Gut und schön, an was hatten Sie denn da gedacht?«
Kunde	»Ja, wenn ich das schon wüsste, ich ...«
Verkäufer	»Das ist natürlich schwierig. Wir haben Wohnzimmer aller Anbieter. Also Sie können ein Wohnzimmer sehr preiswert oder auch recht aufwendig gestalten. Je nach Wunsch können das schnell mehr als 10.000 Euro werden. Das liegt ganz bei Ihnen!« Also, Sie sollten schon wissen, was Sie sich vorstellen. ... Wie soll ich Ihnen sonst das Richtige zeigen? Vielleicht überlegen Sie sich erst einmal, was Sie sich wünschen.«
Kunde	»Tut mir leid, Sie haben Recht. Dann schaue ich mich hier noch ein wenig um.«

Der Verkäufer schaut sich um, entdeckt einen neuen Kunden und ist wieder im nächsten *Verkaufsgespräch*.

▶ Der Aufbau eines Verkaufsgespräches

Machen wir es am Ende dieses Buches kurz: Das Verkaufsgespräch ist mangelhaft geführt. Der Umsatz ist verloren, und der Kunde kommt garantiert nicht mehr wieder.
Was ist passiert? Schauen wir uns gemeinsam an, wie man einen Kunden vergraulen kann: Bereits an dem Infostand kommt es zu den ersten Fehlern.
Da steht ein Mitarbeiter, der erst einmal den neuen Kunden ignoriert. Anschließend fixiert er den Kunden, grüßt sozusagen wortlos und vermittelt dem Kunden das Gefühl: »Komm schon, sag, was du willst. Denn ich hab hier jede Menge zu tun. Mach schon!«

Selbst als dieser *informelle* Mitarbeiter den Mund aufmacht, kommt nichts Einladendes, noch nicht einmal die Tageszeit heraus. Seine Informationen sind kurz und knapp. Da gibt es einen Herrn Schmitz. Sensationell, nicht wahr? Und dieser wäre also normalerweise auch in der Abteilung. Es ist nicht wirklich sein Problem, dem Kunden zu helfen, indem er beispielsweise selber einmal per Telefon nachhört, ob Herr Schmitz heute in der Abteilung ist. Er schickt stattdessen den Kunden mit dem Hinweise durch den Laden, dass selbst die Dummen diese Abteilung bisher nicht verfehlen konnten und der Kunde nachfragen *müsse*.

Der Kollege Verkäufer in der Abteilung gießt Öl ins Feuer für die *dummen* Kunden: »Kann ich Ihnen helfen?« Schon die Frage disqualifiziert den Verkäufer. Eine geschlossene Frage zu Beginn eines Gespräches ist ungeschickt. Würde der Kunde sich beispielsweise veralbert oder überfahren vorkommen, dann würde er hier schon antworten: »Nein, mir ist nicht zu *helfen*. Ich will mich nur mal umschauen, mehr nicht!« Und der Kunde wäre jetzt schon an dieser Stelle des Gespräches wieder verschwunden.

Die nächste Verkäuferfrage: »Was darf es denn sein?«, klingt demotiviert, lustlos und irgendwie nach Thekenverkauf beim Metzger an der Ecke.
(Das ist keine Abwertung des Metzgerhandwerks, sondern vielmehr ein Vergleich unterschiedlicher Verkaufsstrategien. So wird ein Metzger wohl kaum fragen: »Mein Name ist Wolfgang Müller, für welche Wurst interessieren Sie sich am meisten?«)

Selbst wenn der Verkäufer das »Ach was, das wollen alle hier« nur als netten Scherz zur Auflockerung hat einsetzen wollen, selbst dann noch wirkt eine solche Antwort arrogant und unverschämt. Dieses »gut und schön ...« ist ebenfalls ein Schlag ins Gesicht des Kunden.

Und zum guten Schluss noch erklärt er, wie »schwierig« sein Job eigentlich ist und dass der Kunde nur ein kompletter Idiot sein kann: »Lieber Herr Kunde, Sie glauben gar nicht, was ich so jeden Tag erleben muss! Da kommen doch tatsächlich Kunden, die noch nicht einmal wissen, was sie eigentlich wollen. Wahnsinn, oder?« ... Dieser Verkäufer hat offensichtlich nicht begriffen, was seinen Beruf eigentlich ausmacht.

Ein anderes Beispiel:

Unser Kunde betritt das nächste Geschäft und sieht an dem Informationsstand wieder einen Herrn, der noch im Gespräch mit einem anderen Kunden ist. Er wartet höflich und hofft, dass dieser Herr ihn gleich bemerken wird.

Der Herr an dem Infostand gibt, während er noch im Gespräch ist, bereits ein erstes Handzeichen, dass er ihn sieht, und sagt ganz kurz: »Einen kurzen Augenblick, dann bin ich für Sie da!« Das Gespräch mit dem anderen Kunden ist zu Ende, und der Mann am Infostand fragt:

Info-Herr	»Guten Tag, welche Informationen brauchen Sie?«
Kunde	»Ja, guten Tag, wo finde ich jemanden, der mir etwas zu Ihren Wohnzimmer erzählen kann?«
Info-Herr	»Die Wohnzimmermöbel werden von unserem Herrn Müller betreut. Er ist unser Spezialist. Die Abteilung befindet sich im vorletzten Quergang, auf der linken Seite vom Hauptgang. Wenn Sie möchten, dann sage ich Herrn Müller Bescheid, dass Sie kommen. Er wird Sie gerne beraten.«

Der Kunde stimmt zu, geht durch den Hauptgang und erreicht auf der linken Seite den vorletzten Quergang. Er schaut sich kurz um, und da kommt schon ein Herr auf ihn zu und reicht ihm die Hand:

▸ Der Aufbau eines Verkaufsgespräches

Verkäufer	»Guten Tag, mein Name ist Wolfgang Müller. Sie sind sicher der Herr, den man mir bereits angekündigt hat?«
Kunde	»Ja, ich denke schon. Guten Tag, mein Name ist Lüdenscheid.«
Verkäufer	»Ich werde Sie gerne informieren, welchen speziellen Wunsch haben Sie?«
Kunde	»Ich möchte ein neues Wohnzimmer einrichten. Es soll gemütlich und doch auch sehr präsentabel sein.«
Verkäufer	»Da haben wir bestimmt etwas für Sie. Gemütlich und präsentabel soll es sein. ... Wie strapazierbar soll es sein, ich meine damit: Haben Sie Kinder?«
Kunde	»Nein, nicht dass ich wüsste!« (beide lachen)
Verkäufer	»Sorry, hört sich indiskret an, wäre aber für die Auswahl der Materialien wichtig gewesen. ... Meinen Sie präsentabel im Sinne von chic oder mehr im Sinne Vorzeigbarkeit bei offiziellen Anlässen?«
Kunde	»Sie sind sehr aufmerksam! Ich arbeite auch von zu Hause und habe ab und an auch Kunden bei mir.«
Verkäufer	»Ich glaube, wenn ich das richtig einschätze, ich sollte Ihnen etwas zeitlos elegantes zeigen, oder? ... Eine Frage noch vorab: Wissen Sie schon, wie viel Sie in etwa investieren wollen?«
Kunde	»Also ich möchte nicht mehr als 8.000 Euro ausgeben. Mit der zeitlosen Eleganz liegen Sie schon richtig. Zeigen Sie mal.«

▶ Der Aufbau eines Verkaufsgespräches

Der Verkäufer notiert sich auf einem Block das genannte Budget und fragt weiter die Größe des einzurichtenden Zimmers ab. Ferner möchte er noch wissen, in welcher Aufteilung der Kunde sein Zimmer einrichten möchte, Schrank oder Regalwand, vielleicht eine Sitzgruppe aus einem Dreisitzer oder zwei Zweisitzer? (Wir verkürzen jetzt das Gespräch und setzen voraus, dass beide die richtigen Möbel für den Kunden gefunden haben.)

Kunde	»Das ist wirklich alles sehr ansprechend. Sieht sehr solide aus. Na ja, was soll das denn alles kosten?«
Verkäufer	»Ja, Herr Lüdenscheid, Sie haben Recht. Die Regalwand ist sehr solide, und, darf ich das mit Ihren Worten sagen, sie ist sehr präsentabel. Das sieht man auf den ersten Blick. ... Bei der Sitzecke sollten wir vom Bezug her darauf Acht geben, dass er auch zu Ihrem Bodenbelag passend ist.«
Kunde	»Danke. Gut dass Sie darauf achten. Mein Teppichboden ist in Hellblau gehalten!«
Verkäufer	»Klasse. Dann passt ja alles gut zueinander. Dieser wunderschöne Glastisch ist schlicht und elegant. Das hat was!«
Kunde	»Ja, finde ich auch. Was kostet mich der Spaß, und bis wann kann ich die Möbel bekommen?«
Verkäufer	»Die Kombination aus dieser Regalwand und der Sitzgruppe strahlt etwas sehr exklusives und guten Geschmack aus. Die Regalwand ist aus massivem Holz, und die Sitzgruppe mit wunderschönem pflegeleichtem Leder bezogen. ... Zusammengerechnet ergibt sich eine Investition in Höhe von 10.680 Euro. ... In etwa werden wir mit sechs Wochen Lieferzeit zu rechnen haben. Das Einzige, was zu diesem schönen Zimmer noch fehlt, ist eine schlichte und elegante Beleuchtung des neuen Zimmers.«
Kunde	»Ich habe es schon geahnt, dass es teuer wird!«

▸ Der Aufbau eines Verkaufsgespräches

Verkäufer	»Wenn ich das sagen darf, Sie haben einen sehr guten Geschmack. ... Jetzt gibt es zwei Möglichkeiten, die wir haben, damit Sie zufrieden sind. Wir könnten noch einmal die Auswahl Ihrer Möbel durchgehen und überlegen, was wir wo einsparen können. ... Aber wenn Sie mich fragen, dann würde ich eher davon abraten. So wie es ist, ist es eigentlich perfekt. ... Herr Lüdenscheid, ich hatte letzte Woche, ... nein es war vorletzte Woche, einen Herrn hier in der Abteilung. Ähnlich wie Sie hatte auch dieser Mann einen großartigen Geschmack. Und er erklärte mir, dass er geschmacklich keine Kompromisse wolle. ... In seinem Falle haben wir den Differenzbetrag zu seinem Budget problemlos in eine Finanzierung gepackt, und er war total begeistert!«
Kunde	»Für Möbel möchte ich eigentlich keine Kredite aufnehmen!«
Verkäufer	»Kann ich gut verstehen. ... Aber Sie glauben gar nicht, wie einfach und unkompliziert das geht. In Ihrem Fall könnten wir die Differenz zu Ihrem Budget, also 2.680 Euro, in eine Absparmaßnahme packen.«
Kunde	»Absparmaßnahme, was ist denn das?«
Verkäufer	»Das Gegenteil von Ansparen auf eine Investition ist das Absparen einer Investition. Der Vorteil liegt auf der Hand: Der Kunde braucht nicht auf die Erfüllung seiner Träume zu warten!«
Kunde	»Und an welche Ratenzahlung haben Sie gedacht?«
Verkäufer	»Das entscheiden Sie! ... Sie bestimmen einfach, was Sie monatlich zahlen möchten.«
Kunde	»Na dann rechnen Sie mir das einmal für 100 Euro im Monat aus.«

▶ Der Aufbau eines Verkaufsgespräches

Sie erkennen an diesem Gesprächsverlauf und dem Ergebnis bereits, dass ein solcher Gesprächsaufbau erfolgversprechender ist als der im ersten Beispiel.

Um es vorwegzunehmen: Es gibt kein Rezept für ein *perfektes* Gespräch, aber es gibt einige wichtige Aspekte, die wir zu beachten haben, um erfolgreich Menschen zu führen.

Der Mann am Informationsstand gibt sofort zu erkennen, dass er den Kunden registriert hat. Er lässt beim Kunden keinen Zweifel aufkommen, ob er in diesem Haus überhaupt richtig und erwünscht ist. Ein kurzer Hinweis, und der Kunde wartet geduldig. Der Mann am Info-Stand grüßt freundlich und fragt, was einzig sinnvoll zu fragen ist: »Welche Informationen brauchen Sie?« Eine offene Frage, der Kunde ist kein Dummer, und der Mann am Stand ist dafür da, *Informationen* zu geben!

Zur Auskunft erhält der Kunde nicht nur den Ort der Ausstellung, sondern direkt auch unaufgefordert den Namen des Spezialisten, der ihm weiterhelfen kann. Auch das Angebot, den Kunden anzukündigen, ist wirklich klasse.

Der Verkäufer stellt sich mit Handschlag und seinem Namen vor. Das schafft Vertrauen und gibt dem Verkäufer die Möglichkeit, seinen Kunden ebenfalls mit Namen ansprechen zu können.
Beachten Sie bitte den Unterschied zwischen: »Brauchen Sie Hilfe?« und »Welchen Wunsch haben Sie?« Die erste Frage macht den Kunden eher hilflos und schwach, die zweite Frage *berechtigt* ihn, seine Wünsche zu beschreiben.

Zuversichtlich führt nun der Verkäufer das Gespräch. Er hört gut zu, ist aufmerksam und zeigt dem Kunden, dass es Wichtiges zu bedenken gibt. Auch zeigt er, dass er gut beobachtet und sich ganz auf den Kunden und seine zeitlose Eleganz einstellen möchte.

Die Budgetfrage kommt zu einem guten Zeitpunkt. Wichtig ist es für uns im Verkauf, dass wir möglichst früh schon wissen, was der Kunde in etwa ausgeben möchte. Wir möchten den Kunden Lust und keinen Frust bereiten.

> Der Aufbau eines Verkaufsgespräches

Stellen Sie sich einmal vor, wie es wirkt, wenn der Kunde erst am Ende des Gespräches einräumen muss, dass er in einer deutlich tieferen Preisklasse gedacht bzw. geplant hat.

Der Verkäufer ist gut vorbereitet. Er hat etwas zum Notieren parat und schreibt erkennbar für den Kunden einmal das genannte Budget auf. Natürlich könnte sich der Verkäufer diese Zahl auch merken, aber macht das wirklich Sinn? Besser ist es doch, dass der Kunde sieht, dass Sie ihn verstanden haben, oder? Und außerdem steht die Zahl erst einmal auf dem Papier. Das ist gut so, denn unter dieses Budget wird der Kunde nicht mehr gehen können!

Das erste Kaufsignal faxt der Kunde bereits mit dem Hinweis dem Verkäufer *rüber*, dass alles so ansprechend sei. Er fragt zum ersten Mal nach dem Preis.

Bevor nun der Verkäufer den Preis nennt, fasst er erst noch einmal zusammen, was der Kunde für sein Geld bekommen wird. Er nennt das Hauptmotiv des Kunden, indem er betont, dass die Produkte eben auch *präsentabel* sind! Dann noch schnell ein Gedanke: »Was ist eigentlich mit dem Fußboden?« Das nenne ich liebevoll die Columbo-Technik. »Ach übrigens, eine Frage habe ich noch …« Einfach wunderbar!

Der Kunde fragt ein zweites Mal nach dem Preis. Glauben Sie mir, die meisten Kunden wissen schon, was Ihre Produkte kosten. In den Möbelhäusern in Deutschland beispielsweise oder in den Autohäusern sind alle Produkte preislich ausgeschildert. Unterstellen Sie einmal, dass überschlagsweise Ihr Kunde in etwa weiß, was zusammenkommen wird.

Der Verkäufer präsentiert den Preis und lässt ihn nicht nackt stehen. Würde er einfach 10.680 Euro nennen, so würde er den Fokus lediglich auf den Preis lenken. Dies macht keinen wirklichen Sinn – denken Sie an den Bauch des Kunden! In unserem Fall macht er es besser: Zwei Vorteile, der Preis, noch ein Argument (oder Vorteil) und dann ganz selbstbewusst noch einen nachlegen: »Das Einzige, was fehlt, ist eine schöne Beleuchtung!«

▶ Der Aufbau eines Verkaufsgespräches

Natürlich muss der Kunde einwenden, dass es teuer ist oder wird – was denn sonst?

Der Verkäufer lobt den Kunden und zeigt ihm auf, dass es immer Alternativen gibt. Jetzt noch eine kleine Anekdote, und der Kunde liegt auf dem Silbertablett.

»Eigentlich« wolle der Kunde keine Finanzierung. Das *Eigentlich* ist immer eine Aufforderung zum Tanz. ...

»Eigentlich...«, sagte die Frau zu ihrem neuen Bekannten, »mag ich keine jüngeren Männer!« Der jüngere Mann denkt voller Zuversicht nur: »Tja eigentlich – und uneigentlich?«

Dieses Eigentlich des Kunden ist eine unmittelbare Aufforderung, ihm hier und *jetzt* gute Gründe für ein Umdenken zu liefern!

Das sind allemal Kaufsignale genug. Der Verkäufer kann und darf abschließen, und der Kunde ist zufrieden!

▶ Der Aufbau eines Verkaufsgespräches

Checkliste

Ein Verkäufer ist dann gut, wenn es ihm gut geht!

– Sorgen Sie für sich, dass es Ihnen gut gehen darf!
– Denken Sie in Zeitschotten: Dienst ist Dienst und Schnaps ist Schnaps! Jetzt augenblicklich sind Sie dabei, Ihre Kunden besser erreichen zu wollen. Nur das ist wichtig.

Die Eröffnungsphase

– Wir bedienen ausschließlich den Bauch des Kunden!
– Wir vermeiden unbedingt paradoxe Situationen!
– Wir sind freundlich, kompetent und haben einen angemessenen Händedruck!
– Wir stellen uns mit Namen vor, damit wir auch den Namen des Kunden erfahren. Dies wirkt sehr viel offener und freundlicher!
– Niemals einen Preis nennen in der Eröffnungsphase!

Die Bedarfsanalyse

– Jeder Preis ist zu hoch, wenn wir die Idee des Kunden nicht kennen!
– Was stellt sich der Kunde vor, was ist ihm wichtig?
– Hören Sie zu, nachdem Sie offene Fragen stellen!
– Wiederholungen sind wichtig! … – Wiederholungen sind wichtig!

Die Angebotsphase

– Die Idee des Kunden wird mit unserem Produkt präsentiert!
– Der Kunde möchte seine Ideen in unseren Produkten wiederfinden!
– Wir sind gut auf mögliche Einwände vorbereitet!

Die Abschlussphase

– Je besser meine Vorarbeit in den Phasen zuvor, desto einfacher ist der Abschluss!
– Der Preis steht niemals alleine, sondern immer mit Vorteilen geschmückt!
– Kein Rabatt ohne Mehrgeschäft – Versuchen Sie es, es funktioniert!

▸ Ihre Vorteile einer Warenfinanzierung

Was haben Sie eigentlich als Verkäufer von einer Warenfinanzierung für Ihre Kunden?

Selbstverständlich erweitert eine mögliche Finanzierung das Budget Ihres Kunden. Er kann mehr Geld bei Ihnen ausgeben als ohne Finanzierung. Wichtig ist für Sie nur zu erkennen, dass die Finanzierung lediglich eine Vorwegnahme des Sparerfolges ist – *Absparen* statt Ansparen!

Ein Kunde kann nach erfolgreichem Sparplan in fünf Jahren bei Ihnen einkaufen. Aber wer garantiert Ihnen, dass er nach fünf Jahren Ihr Haus wieder findet bzw. Sie besucht?

Ein weiterer wichtiger Vorteil ist es, dass Sie endlich mal etwas anderes diskutieren und vorstellen können als die längst in die Jahre gekommenen Rabattgespräche: einen Finanzierungsservice Ihres Hauses!

Mit anderen Worten: Sprechen Sie nicht darüber, was Sie alles nicht können, sondern viel mehr, was Sie leisten möchten! Wirkt das nicht allemal attraktiver?

Sie sind der Partner Ihres Kunden – nicht seine Hausbank. *Jetzt* können Sie abschließen, und nicht erst irgendwann. Ihr Kunde bekommt alles aus einer Hand – *jetzt* aus Ihrer Hand!

Und die Ansprache bei Ihrem Kunden ist ganz einfach: »Herr Kunde, wie möchten Sie zahlen – in bar oder mit Ratenkauf? ... Kennen Sie schon unseren neuen Finanzierungsservice: »Absparen leicht gemacht«?«
Da sich unter dem Begriff Absparen niemand wirklich etwas vorstellen kann, ergibt sich hieraus immer ein Gesprächsthema: »Wir bieten Ihnen etwas Besonderes!«

▸ Von der Faszination ...

In diesem Buch haben wir sehr viele Hintergründe für den aktiven Erfolg im Umgang – konkreter noch im Verkaufsgespräch – mit unseren Kunden erfahren. Vielleicht eine der wichtigsten Aussagen in diesem Buch gilt es, für uns nicht nur zu realisieren, sondern auch in den Alltag hinein mit umsetzen zu lernen. Das ist das Prinzip des Unbewussten.

Nämlich der Bereich, den wir unterhalb der Wasseroberfläche, unterhalb unseres alltäglichen Bewusstseins wähnen. Natürlich werden wir alle letztendlich daran gemessen, was wir an Ergebnissen hervorbringen. Und dies sind sicher immer sehr rationale Erwartungen, die wir zu erfüllen haben.

Dennoch aber gibt es Menschen, die sich besonders leicht, und solche, die sich besonders schwer in der Umsetzung solcher Gedanken in den praktischen Alltag tun.
Liegt es am Willen, an der Disziplin, dass manche uns auf der Überholspur davonjagen? Hat es etwas mit Talent oder Eingebung zu tun, dass andere den Erfolg wie ein Magnet anziehen?

Einen Gedanken möchte ich Ihnen zur Beantwortung gerne anbieten.

In all den Jahren meiner Seminararbeit höre ich viele Geschichten und erlebe viele Menschen in ihrer unterschiedlichsten Art. Und eines fällt immer wieder auf, wenn ich mit erfolgreichen Menschen umgehen darf. Es sind allesamt faszinierende Persönlichkeiten!

Oder anders ausgedrückt: Es sind Menschen, die sich selbst und andere faszinieren können! Die Faszination (<lat.> fesselnde Wirkung, Anziehungskraft, siehe Duden) ist der gemeinsame Nenner, wenn es darum geht, Menschen und sich selber für eine Sache zu gewinnen, zu überzeugen und sogar begeistern zu können. Vielleicht möchten Sie in nächster Zeit einen Kollegen in den Verkauf einführen und bilden ihn aus. Dann lehren Sie ihn als Allererstes, wie es sich anfühlt, fasziniert von einer Idee zu sein!

»Wenn Du Männer suchst und sie dazu bringen willst, mit Dir ein Schiff zu bauen, dann macht es wenig Sinn, Ihnen das Zimmern, Hämmern und die Verarbeitung von Holz beizubringen. Was Du lediglich zu tun hast, ist ihnen von der Sehnsucht nach der Grenzenlosigkeit des weiten Meeres zu erzählen!« (frei nach Antoine de Saint-Éxupéry)

Die Geschichte eines Bildhauers

Es war einmal ein Bildhauer, der in vielen Jahren mühevoller Arbeit eine wunderschöne Statue einer nackten Frau aus Marmor schuf. Die Statue war
Fertig, und es kamen Leute, um diese Statue zu bewundern.

Der Zauber, der von diesem Bildnis ausging, war unbeschreiblich.

Da wurde er gefragt: »Meister, wie kann es sein, dass Sie solch ein Kunstwerk haben erschaffen können?« Der Bildhauer stutzte einen Augenblick und antwortete verwundert: »Ich habe keine Statue erschaffen!«
»Aber Meister, Sie haben doch diese wunderschöne Frau erschaffen.«
Daraufhin antwortete der Bildhauer: »Nein, erschaffen habe ich sie nicht. Sie war schon immer da! Ich habe Sie nur aus dem Stein befreien *dürfen*.«

Stellen wir uns vor, dass wir mit unserem Können, mit unserem Wissen und mit unserem Feingefühl nichts anderes wären, als dieser bescheidene Bildhauer.
Vielleicht ist es unsere Aufgabe, nicht mehr zu tun, als jedem Kunden sein individuelles Problem lösen zu helfen. Wir kennen nahezu alle Möglichkeiten und können uns mit Fingerspitzengefühl dem nähern, was dem Kunden nicht auf Anhieb bewusst sein kann. Wir bleiben, im Bild gesprochen, dezent im Hintergrund und bereiten dem Kunden ein Erlebnis.

Wir setzen den Kunden in Szene, und er darf spüren, dass es unsere Profession ist, Wünsche zu verwirklichen.

Verkäufer zu sein ist kein Beruf von der Stange. Verkäufer sein bedeutet, Menschen und seinen Beruf als *Berufung* zu lieben. Na, ist das nicht 100 % Bauch?

▸ Das Selbstbild eines Verkäufers

Warum ist der eine Verkäufer erfolgreich und der andere trotz Anwendung zahlloser Verkaufstechniken nicht erfolgreich genug?

Es gibt Verkäuferpersönlichkeiten, die wie an einer Perlenkette aufgezogen die Erfolge aufreihen, und andere, denen das Pech buchstäblich an den Fersen klebt. Was macht den Unterschied aus?

Zu Anfang des Buches erörterten wir, dass Verkaufen nicht bloße Anwendung von Tipps und Tricks sein kann. Wenn es so wäre, dann könnte es tatsächlich jeder erlernen. Sie wie ich, wir wissen, es gibt Menschen, die es nie erlernen werden. Diese unter Druck zu setzen verschlimmert die Sachlage erheblich.

Ein Verkäufer ist ein Mensch, der mit einem Nein zurechtkommt. Was erwartet denn ein Verkäufer? Nochmals: Wenn ein Kunde sowieso nur kaufen will, bedarf es keines Verkäufers. Dies bedeutet, dass schon in der Grundstruktur der Aufgabenbeschreibung des Verkäufers gehört, dass der Kunde erst einmal *Nein* denkt oder sagt!

Ein Verkäufer weiß um dieses *Nein*, und er kommt damit zurecht. Es stellt ihn nicht infrage, sondern bestätigt seinen Job, seine Aufgabe. Die Kunst beginnt erst dann, wenn ein Verkäufer aus einem *Nein* ein *Ja* formen kann. Das macht uns stark und attraktiv.

Ein Beispiel soll es verdeutlichen: Stellen Sie sich vor, ein Mann lernt eine Frau kennen. Beide sprechen miteinander, und bei beiden kreisen unversehens Schmetterlinge im Bauch. Irgendwann wagt sich der Mann aus seiner Reserve und fragt: »Kommst du noch mit auf einen Kaffee?«
Wenn die Frau direkt, ohne zu zögern, antworten würde: »Ja klar!«, dann würde dieser Mann sehr wahrscheinlich eher unsicher werden. »Geht die wohl mit jedem mit?« Ein kluger Mann, ein Verkäufertyp, würde auch mit einem *Nein* rechnen. Er würde es sogar voraussetzen, weil es sein Anliegen umso kostbarer gestalten würde. Dann erst wäre er gefordert, zu *verkaufen*, dass der Augenblick womöglich *ein Spiegel in die Unendlichkeit wäre*, dass dieser eine Augenblick durch jede Infragestellung niemals hätte stattfinden können. Vielleicht würde er damit den Zweifel (Einwand) charmant widerlegen?

Ein Verkäufer ist umso attraktiver, als er mehr um die inneren Vorgänge (Bauch) seines Gegenübers weiß, als er sagt. In dieser eben besprochenen Situation macht es doch keinen Sinn, der Dame zu erklären: »Ich weiß es, du willst doch eigentlich auch!«

Was macht den Erfolg aus?

Es gibt zahllose Ratgeber über Erfolg und Erfolgsstrategien, wie es zahllose Bücher über die Psychologie des Verkaufens gibt. Schauen Sie selbst, was Ihnen zusagt. Eine Quintessenz aus dem Studium der Literatur ist die:

Der Erfolgreiche macht da weiter, wo der Erfolglose aufhört!

Wir selbst entscheiden. Das zu tun, was alle anderen sowieso tun, ist keine Kunst. Aber sich da noch mehr einzusetzen, wo andere keinen Sinn mehr sehen, das macht Erfolg aus.

Bleiben Sie freundlich und aufmerksam, wenn andere längst abwinken. Gehen Sie geduldiger mit Ihren Kunden um, auch wenn diese irgendwie begriffsstutzig zu sein scheinen.
Hören Sie zu. Achten Sie auf alles, was Ihr Kunde Ihnen sagt. Achten Sie auf seine Wiederholungen, achten Sie auf seinen Namen.
Nehmen Sie Ihre Kunden, Ihre Kollegen, Ihren Chef, Ihre Familie, Ihre Freunde, und wen auch immer, *wichtig!* Das wird Sie und Ihr Leben erfolgreicher machen, garantiert!

Wichtig nehmen können heißt lieben können!

In diesem Sinne wünsche ich Ihnen viel Erfolg beim Verkaufen!

Ihr
Paul Reinhold Linn

▸ Literaturverzeichnis

- Altmann, Hans Christian: Kunden kaufen nur von Siegern, München, verlag moderne industrie, 2002
- Bergbauer, Martin: Wie aus Chaos Geist entsteht, Ulm, Spiegel-Verlag, 1996
- Bernstein, Albert J.: Das Dinosaurier-Syndrom, Wiesbaden, Orell-Füssli- Verlag, 1990
- Birkenbihl, Vera F.: Kommunikation für Könner, Landsberg am Lech, mvg-Verlag, 2000
- Enkelmann, Nikolaus: Das Power-Buch für mehr Erfolg, Landsberg am Lech, mvg-Verlag, 2001
- Geffroy, Edgar K.: Das einzige, was stört, ist der Kunde, Landsberg am Lech, verlag moderne industrie, 1993
- Gladwell, Malcolm: Der Tipping Point, Berlin, Berlin-Verlag, 2000
- Goleman, Daniel: Emotionale Intelligenz, München, Hanser-Verlag, 1996
- Helferich, Christoph: Geschichte der Philosophie, München, dtv-Verlag, 1998
- Lawlor, Robert: Am Anfang war der Traum: München, Droemer-Knaur- Verlag, 1993
- Linn, Paul Reinhold: Positiv die eigene Zukunft gestalten, Odenthal, Linn Knowledge Group, 2005
- Löhr, Jörg: So haben Sie Erfolg, München, Südwest-Verlag, 1999
- Mohr, Bärbel: Der kosmische Bestellservice, Düsseldorf, Omega-Verlag, 2000
- Pine/Gilmore: Erlebniskauf, München, Econ-Verlag, 2000
- Roth, Gerhard: Fühlen, Denken, Handeln, Frankfurt am Main, Suhrkamp- Verlag, 2001
- Rückle/Stumber: Verkaufen eine Herausforderung, Landsberg am Lech, verlag moderne industrie, 1994
- Schulz von Thun, Friedemann: Miteinander reden, Hamburg, Rowohlt- Verlag, 1981
- Vroon, Piet: Drei Hirne im Kopf, Kreuz-Verlag, Zürich, 1993
- Watzlawick, Paul: Menschliche Kommunikation, Göttingen, Huber-Verlag, 1969
- Ziglar, Zig: Der totale Verkaufserfolg, Zürich, Oesch-Verlag, 1985

▸ Impressum

Landesbank Berlin AG

Paul Reinhold Linn

Der Verkaufstrainer - Das Trainingshandbuch zum LBB Finanzkauf

1. Auflage 2008

ISBN 978-3-00-024911-2

© 2008 by Landesbank Berlin AG, D-13355 Berlin
© 2008 by Linn Seminare, D-51467 Bergisch Gladbach

Internet: www.linn-seminare.de

Alle Rechte zur Verwertung sind vorbehalten. Dies schließt die Wiedergabe durch Film, Funk oder Fernsehen ebenso ein wie jegliche Vervielfältigung und Verbreitung, die fotomechanische Wiedergabe, den Nachdruck und den auszugsweisen Nachdruck, Übersetzungen, die Erstellung von Ton- und Datenträgern sowie die Eingabe, Abspeicherung und Verarbeitung in elektronischen Systemen.

Verlag: Linn Seminare, D-51467 Bergisch Gladbach
Grafiken: Monika Linn, D-51467 Bergisch Gladbach
Lektorat: Umbruch – Karin Bergmann, D-50937 Köln
Satz und Layout: found-media.de, Katja Wiemer, D-53804 Much
Druck: Quickprinter GmbH, D-51491 Overath

Die Ratschläge in diesem Buch sind vom Autor sorgfältig erwogen und geprüft worden. Dennoch kann eine Garantie für eine erfolgreiche Umsetzung nicht übernommen werden. Eine Haftung des Autors bzw. des Verlags für Personen-, Sach- und Vermögensschäden ist ausdrücklich ausgeschlossen.